Karl Werner

Die Psychologie und Erkenntnislehre des Johannes Duns Scotus

Karl Werner

Die Psychologie und Erkenntnislehre des Johannes Duns Scotus

ISBN/EAN: 9783743427334

Hergestellt in Europa, USA, Kanada, Australien, Japan

Cover: Foto ©ninafisch / pixelio.de

Manufactured and distributed by brebook publishing software (www.brebook.com)

Karl Werner

Die Psychologie und Erkenntnislehre des Johannes Duns Scotus

DIE
PSYCHOLOGIE UND ERKENNTNISSLEHRE

DES

JOHANNES DUNS SCOTUS.

VON

PROF. DR KARL WERNER,
WIRKLICHEM MITGLIEDE DER KAISERLICHEN AKADEMIE DER WISSENSCHAFTEN.

SEPARATABDRUCK AUS DEM XXVI. BANDE DER DENKSCHRIFTEN DER PHILOSOPHISCH-HISTORISCHEN CLASSE DER KAISERLICHEN AKADEMIE DER WISSENSCHAFTEN.

Druck von Adolf Holzhausen in Wien
k. k. Universitäts-Buchdruckerei.

Die psychologischen und erkenntnisstheoretischen Lehren des Johannes Duns Scotus sind durch bestimmte metaphysische Grundanschauungen bedingt, die zum Verständniss derselben vorausgeschickt werden müssen, und zunächst in seiner eigenartigen Lehre von der Materie ausgebildet vorliegen. Die dem Duns Scotus eigenthümlichen Sätze über die Materie betreffen die Materialität alles Geschaffenen, die selbsteigene Quiddität der Materie als solcher und unabhängig von der sie gestaltenden Form, und die dem menschlichen Leibe als solchem zukommende, vom seelischen Informationsprincipe zu unterscheidende Wesensform.

Die Ueberzeugung von der Materialität alles Geschaffenen begründet sich dem Duns Scotus aus dem Unterschiede des Geschaffenen von dem Ungeschaffenen, Alles schaffenden Einem, der als höchstes Eines zugleich auch das absolut Einfache ist.[1] Im Gegensatze hiezu muss das viele Geschöpfliche sich allenthalben auch als das Zusammengesetzte erweisen, und zum mindesten als Zusammensetzung aus Esse und Essentia darstellen. Eben diese Zusammensetzung erweist sich aber bei näherer Analyse als ein Zusammensein aus Materie und Form, das Wort Materie in rein metaphysischem Sinne, als denknothwendiges Substrat und Subject jeder begränzten Wesensform verstanden.[2] Duns Scotus nennt dieses denknothwendige Wesenssubstrat alles Geschaffenen die materia primo-prima, von welcher er die weitere Determination derselben, die materia extensa oder materia mathematica als secundo-prima unterscheidet.[3] Unter der materia tertio-prima oder physica sind sodann selbstverständlich die eigenartigen Stofflichkeiten aller besonderen Körper zu verstehen. Aus diesen Angaben resultirt von selber auch schon, dass die allem Geschaffenen eigene gemeinsame Grundmaterie oder materia primo-prima

---

[1] Vgl. Duns Scot., de rerum principio, qu. 1, art. 4.
[2] Dico, quod in genere materiarum materia metaphysica est materia primo-prima. Vocatur materia metaphysica illud, quod praestat fulcimentum cuilibet formae, qualem ponimus in angelis et anima rationali secundum Augustinum et Boethium de Unitate et Uno capp. 1 et 2. Rer. Princip. qu. 1, art. 1.
[3] Vocatur materia extensa materia mathematica secundo-prima, quia ut communiter tenetur, sub quantitate et sub forma corporea est subjectum generationis. Ibid.

nur Eine sei, die ihrer Natur nach zur Reception aller geschöpflichen Wesensformen geeignet ist.[1] Die aus den nachfolgenden speciellen Determinationen hervorgegangenen materiae secundae aber sind specifisch von einander verschieden, und natürlich nur zur Reception oder Festhaltung der ihnen congruirenden speciellen Wesensformen geeignet. Die Bildung einer materia tertio-prima ist eigentlich nur im Bereiche der sublunaren corruptiblen Körperwelt möglich, weil es nur in dieser ein Generationsleben gibt;[2] eben diese Eigenartigkeit der sublunaren Körperwelt setzt aber eine besondere Art von Materialität voraus, welche von jener der incorruptiblen und desshalb in quantitativer Beziehung unveränderlich determinirten himmlischen Körper, und endlich auch von der durch ihre besondere Wesensform actuell und potentiell der Quantität beraubten Materie der Engelwesen und Menschenseelen verschieden sein muss.

Der Materialgrund der gesammten geschöpflichen Wirklichkeit, der geistigen sowohl als der sinnlichen, ist sonach die materia primo-prima, die in allem Geschaffenen enthalten ist, aber jedem geschöpflichen Agens unerreichbar einzig durch Gott bestimmt ist. Duns Scotus vergleicht die Welt mit einem herrlichen Baume,[3] dessen Wurzel und Samengrund (radix et seminarium) die materia prima ist; die Accidenzen sind die abfallenden Blätter dieses Baumes, die corruptiblen Dinge Laub und Zweige, die Blüthen die vernunftbegabten Menschenseelen, die dem Wesen des Baumes entsprechenden Früchte die englischen Naturen. Mit der monistischen Fassung dieses Weltschema scheint es nicht zu stimmen, wenn unmittelbar beigefügt wird, dass die Wurzel des Baumes unmittelbar in die beiden Hauptstämme der Körper- und Geisterwelt auseinander gehe, welcher dualistischen Grundgliederung die Untergliederung der Körperwelt in die corruptible und incorruptible Körperwelt, sowie der Geisterwelt in drei Hierarchien angeschlossen wird. Eben so scheint ferner eine innerlich nicht vermittelte Fusion differenter Standpunkte vorzuliegen, wenn Duns Scotus, aus der an die Idee der materia prima angeknüpften Deduction des Weltgedankens in die constructive Darlegung desselben übergehend, den Menschen als Drittes in die Mitte desselben rücken lässt,[4] wofür allerdings in seinen später anzudeutenden christologischen Anschauungen der erklärende Grund sich darbietet. Die Abstufung der Geisterwelt in die drei Hierarchien scheint als sublimirter Reflex der Triplicität der Weltwesen im Allgemeinen,[5] sowie der Dreigliederung der Materie genommen werden zu müssen, was im Zusammenhange mit der Anschauung von der Materie als nothwendiger Unterlage aller kosmischen Existenzen zu erklären scheint, wesshalb die Engel bildlich als die gezeitigten Früchte des Weltbaumes bezeichnet werden. Die Bezeichnung der materia prima als Radix und Seminarium gibt bereits eine Andeutung über die eigenthümliche Gestaltung des in der scotistischen Doctrin mit dem

---

[1] Rer. princip. qu. 8, art. 5.
[2] Rer. princip. qu. 8, art. 4.
[3] l. c.
[4] Creavit Deus in primis operibus duarum creaturarum differentias, ad quas aliquo modo omnis multitudo creata habet reduci, quasi duo extrema creaturarum, scil. spiritualem et corporalem. Omnis autem creatura vel ad hanc vel ad illam vel ad compositam ex utraque reducitur. Et sub istis gradibus ordine admirabili per immediatos gradus a creatura, quae est prope se, conjungendo infima superiorum supremis inferiorum processit, quasi rectam lineam pertrahendo. Sed quia linea recta est imperfecta, ideo in fine operum, scil. sexta die lineam rectam in circulum reflexit, dum illo die faciens hominem creaturam spiritualem et corporalem in unitate suppositi univit. Rer. princip. qu. 12, art. 1.
[5] Ut esset ordo a Deo ad alias creaturas, creaturam quamdam spiritualem, scil. angelicam, corpori non unitam reliquit. Post quam ordine immediato sequitur anima rationalis, corpori unita, tamen separabilis. Post hanc formae unitae, sed non separabiles. Ibid.

abstract formalisirenden Peripatetismus ringenden Individualismus, worauf wir weiter unten des Näheren zurückkommen werden. Duns Scotus begründet seine Ableitung alles Geschaffenen aus einem gemeinsamen Materialgrunde unter nebenhergehender Berufung auf die Autorität Avicebrons, und sieht in der Voraussetzung eines solchen Materialgrundes die einzig denkbare Möglichkeit, von dem ursprünglichen absolut Einem, das allen Dingen vorausgeht, zur Vielheit der Dinge zu gelangen; die materia primo-prima hat die Brücke dieses Ueberganges zu bilden. Die materia primo-prima will er keineswegs in der herkömmlichen Weise der scholastischen Peripatetiker für die blosse Möglichkeit des Seins gehalten wissen; er vindicirt ihr ein actuelles Sein, ein Sein, das sie nicht von der Form, sondern von ihrer Wirkungsursache, von Gott hat; der Form kann bloss die Conservirung des bereits gesetzten Seins der materia primo-prima zugeschrieben werden.[1]

Man erkennt unschwer, dass Duns Scotus das Verhältniss von Materie und Form anders bestimmt, als es von Seite der Dominicanerschule geschah;[2] diese seine abweichende Auffassung musste sich auch in der Auffassung des Menschenwesens reflectiren, dessen Componenten Leib und Seele nach gemeingiltiger peripatetischer Auffassung in dem Verhältniss von Materie und Form zu einander stehen. Nach Thomistischer Ansicht ist die vernunftbegabte Seele die ausschliessliche Wesensform des Menschen, welche eine von ihr verschiedene Wesensform des Leibes nicht zulässt; Duns Scotus hingegen vindicirt dem Leibe als solchem eine der Seele zwar subordinirte, aber von ihr unterschiedene Wesensform, die dem Leibe auch noch als todtem Leibe verbleibe. Hiebei wird freilich übersehen, dass der Begriff des Leibes jenen der Lebendigkeit involvirt, und der Cadaver ein blosses Residuum des einstgewesenen Leibes darstelle. Wir hätten also an Duns Scotus zu bemängeln, dass er dem Begriffe des Leibes, welcher nur im Zusammensein desselben mit der ihn umgreifenden und innerlich gefasst haltenden Seele Wahrheit hat, den Begriff Körper substituirte, der als solcher etwas der Seele Aeusserliches darstellt, und insofern freilich eine von der Seele verschiedene Realität ist, woraus aber keineswegs folgt, dass er als eine von seinem geistigen Formprincipe getrennte Wesenheit existiren könne. Der Begriff eines relativen Selbstlebens des der Seele eignenden Leibes, der allerdings dem diesen Begriff ignorirenden Thomismus gegenüber zur Geltung zu bringen war, kam in der Opposition des Scotismus gegen den Thomismus nicht zum Ausdrucke; beide einander bekämpfende Schulen standen auf dem gemeinsamen Boden einer Naturanschauung, welcher der Begriff der Naturlebendigkeit fremd war, und welche daher, anstatt den Stoff selber als lebendigen zu fassen, das Lebendigsein als etwas durch besondere Agentien Causirtes zu ihm hinzukommen liess.

Das Interesse des Thomismus in der Frage vom Verhältniss der beiden Constituenten des Menschenwesens zu einander war, dieses Verhältniss im Gegensatze zum Platonismus als ein möglichst inniges zu fassen. Es liess sich aber nicht inniger fassen, denn so, dass es als Verhältniss des Stoffes zu der ihm congruirenden Wesensform bestimmt wurde; es sollte damit die specifische Idee des Menschenwesens als eines seiner Idee nach untheilbaren Ganzen, zugleich aber auch die durchgängige Bestimmtheit des Leiblich-

---

[1] Rer. princip. qu. 8, art. 6.
[2] Vgl. Thom. Aq. 1 qu. 66, art. 1: Materia secundum id quod est, est ens in potentia. Unde magis repugnat materiae esse in actu sine forma, quam accidenti sine subjecto. — Siehe dagegen D. Scot. Rer. princip. qu. 7, art. 1; Metaph. IX. qu. 1; 2 dist. 12, qu. 1 et 2.

Sinnlichen durch den höheren formgebenden Theilconstituenten dieses Einen Ganzen zum Ausdruck gebracht werden. Ein derartiges Interesse ist auch Duns Scotus nicht fremd; auch er sucht zu zeigen,[1] dass die Einigung des sinnlichen Leibesgebildes mit dem intellectiven Formprincipe inniger sei, als irgend eine andere Einigung von Materie und Form, wobei er selbst den von der Dominicanerschule so entschiedenst betonten Gedanken von der Seele als Lebensprincip des Menschengebildes nicht minder entschieden zur Geltung zu bringen bemüht ist.[2] Die Einigung von Stoff und Form — lehrt Duns Scotus — ist um so inniger, je vollkommener die Form ist, in welche der Stoff hineingebildet wird; die vollkommenste aller Wesensformen der sichtbaren Wirklichkeit ist aber die intellective Menschenseele. Dieselbe erweist sich als das formmächtigste aller Principien, indem sie den Stoff in seiner ausgebildetsten und vollendetsten Gestaltung, wie diese eben im menschlichen Leibesgebilde dargeboten ist, zu eigen hat; eben darum ist aber auch ihre Einigung mit dem Stoffe inniger, als die jeder anderen tieferstehenden Form. Die intellective Menschenseele ist als oberste Wesensform der sichtbaren Wirklichkeit der oberste und darum vollkommenste Halt der im Flusse begriffenen Materie; damit ist aber zugleich auch der innigste Grund der Einigung von Stoff und Form involvirt. Diese Art von Einigung ist desto inniger, je feiner und durchdringender das Formprincip ist; die intellective Seele ist als spirituelle Wesenheit das feinste und durchdringendste aller Formprincipien. Das Menschenwesen nimmt unter allen Verbindungen von Stoff und Form die höchste Stelle ein; es ist demnach die durchgebildetste und vollkommenste Einigung von Stoff und Form.[3] Bestimmt man den Werth der Form nach ihrem Einflusse auf den sie gestaltenden Stoff, so ist endlich auch noch hervorzuheben, dass die in Gott vollendete himmlisch verklärte Seele dem ihr eigenden Leibe eine Seinsvollendung verleiht, welche über jene der himmlischen Körper hinausreicht.[4] Daraus ergibt sich aber freilich auch, dass die vollkommene Actualisirung der im Menschenwesen gegebenen vollkommenen Einigung von Stoff und Form dem himmlischen Vollendungsstande angehört, und auch da wieder Stufenunterschiede zulässt; die absolute Vollendungsstufe ist in Christus dargestellt, in welchem die vollendetste Seele mit dem vollkommensten Leibe zur vollkommensten Einheit zusammengeschlossen ist; diese ist demnach das Ideal und Richtmass aller anderen Einigungen von Stoff und Form, der absolute Zusammenschluss des der Naturwelt angehörigen Stoffes mit einem geistigen Formprincipe.[5]

Dieser in seiner Art bedeutsame christosophische Abschluss der metaphysisch-kosmologischen Lehre vom Verhältniss zwischen Materie und Form schliesst wohl nebenher auch eine indirecte Kritik der Thomistischen Anthropologie in sich, sofern diese dasjenige, was Duns Scotus zur wahrhaften und vollkommenen Einheit von Stoff und Form forderte, bereits in der von Thomas behaupteten und urgirten Substanzeinheit des

---

[1] Rer. princip. qu. 9, art. 2, sect. 3.
[2] Quamvis sint diversae formae in homine, dantes diversa esse, anima intellectiva non solum dat esse intellectui, sed perficit actus aliarum formarum. Quod patet, quia ipsa recedente incipit materia corrumpi quoad actus aliarum formarum. Ibid.
[3] Tota ratio unitatis, quae possit esse in aliquo composito pure naturali, terminatur in homine ut in ultimo termino naturae; propter quod dico, quod in homine est major unitas essentialis, quam in aliquo bruto vel composito naturali, et in eo terminatur omnis ratio unitatis ut in termino. L. c.
[4] Intellectiva forma plus abstrahit materiam suam, quam aliqua forma, de mundo. Quod patet, quia cum materia ejus sit corruptibilis, per actum merendi ordinat eam ad perpetuitatem firmiorem, quam sit in coelo, et eam unit formae supernaturali, secundum quod totus homo est subjectum beatitudinis perfectae. L. c.
[5] Unitas Christi est prima unionum et mensura omnis compositi naturalis. Rer. princip. qu. 9, art. 2, sect. 4.

Menschenwesens gefunden zu haben glaubte. Da Duns Scotus in dem aus Geist und Leib zusammengesetzten Menschenwesen ein doppeltes Esse vereiniget sah, so musste er zur vollkommenen Vermittelung der menschlichen Wesensdualität höher greifen als Thomas, und gestand die von diesem behauptete Wesenseinheit des Menschen nur in so weit und in dem Grade zu, als sie im überzeitlichen Vollendungsstande des Menschen zur Wahrheit wird; die in der unmittelbaren irdischen Erfahrung gegebene natürliche Wesenseinheit des Menschen wurde von ihm zwar nicht bestritten, aber doch nur als eine relative und einer nachfolgenden Vervollkommnung und vollkommenen Actualisirung bedürftige angesehen. Das Problem der Wesenseinheit ist für ihn ein viel vermittelteres, als für Thomas, schon aus dem Grunde, weil er in der Seele, die als Formprincip zum Leibe in's Verhältniss gesetzt werden soll, selber bereits eine Zusammensetzung aus Stoff und Form sieht. Für ihn erwächst also die Nothwendigkeit sich die Frage zu stellen: Kann die intellective Seele trotzdem, dass sie selber aus Materie und Form zusammengesetzt ist, zugleich auch Formprincip einer von ihr unterschiedenen Realität sein? Sein Vorgehen in der Lösung dieser Frage ist diess, dass er zuerst beweist, die menschliche Seele könne nicht anders denn als Wesensform des Menschen gedacht werden; die weitere Frage ist für ihn sodann, unter welchen Modalitäten sie zufolge ihres zusammengesetzten Wesens als Wesensform des leiblich-sinnlichen Menschen gedacht werden könne. Wenn wir ihn oben sagen hörten, dass der Leib als körperliche Realität seine eigene Wesensform habe, die ihm auch noch im Tode verbleibe, so wäre wohl weiter auch noch zu fragen, ob der ein selbsteigenes Sein habende Leib den Zusammenschluss mit der Seele zu Einem Wesen vertrage? Darauf hörten wir indess schon oben die Antwort, dass auch die materia nuda ein selbsteigenes Sein habe und doch mit der ihr superinducirten Form Ein Wesen ausmache. Demzufolge leidet es keinen Zweifel, dass die anima vegetativa und sensitiva in ihrem Zusammensein die Wesensform eines sinnlichen Lebewesens constituiren können. Es ist also nur die Frage, ob die intellective Seele eben so wesentlich und in derselben Art und Weise, wie die anima vegetativa und sensitiva, also als Informationsprincip zum leiblichen Menschengebilde in Beziehung stehe. Dem Duns Scotus ist diess zunächst schon durch den christlichen Glauben und durch das unmittelbare Selbstbewusstsein des Menschen gewiss, erscheint ihm weiter aber auch auf dem Wege dialektischer Vermittelung bis zur Evidenz nachweisbar.[1] Alles Leiden ist auf die Materie, alles Thun auf die Form zurückzuführen. Wenn das Intelligere, welches ein Act der anima intellectiva ist, eine Thätigkeit des Menschen als Menschen ist, so muss demnach die anima intellectiva Wesensform des Menschen sein. Die Ansicht, welcher gemäss die anima sensitiva das Formprincip des Leibes, der Intellect aber als etwas der Materie als solcher fremdes, nicht Form, sondern bloss ein substantialer Theil des Menschenwesens sein soll, wird von Duns Scotus umständlich widerlegt. Dieser Ansicht zufolge wäre Socrates wahrhafter ein sinnliches Lebewesen (animal), als er Socrates ist. Substantiale Theile eines Ganzen können fehlen, ohne dass das dieser Theile ermangelnde Subject aufhören würde zu sein, was es ist; so z. B. lassen sich Menschen denken, welchen Auge, Hand, Fuss fehlt. Undenkbar aber ist ein Mensch ohne die intellectuelle Anlage, die ihn vom Thiere unterscheidet und ihn im Unterschiede vom Thiere zum Menschen macht. Wäre der Intellect bloss substantialer Theil des Menschen, so würde das Intelligere

---

[1] Rer. princip. qu. 9, art. 2, sect. 2. — Vgl. 4 dist. 43, qu. 2.

per intellectum dem Videre per oculum gleichzusetzen sein. Indess selbst das Letztere setzt voraus, dass das Gesicht Form des Auges ist; also müsste auch das Intelligere als Form eines Theiles vom Menschen genommen werden. Aber der Mensch erkennt nicht mit einem Theile seines Wesens, sondern als Ganzer; also muss der Intellect Form des ganzen Menschen sein. Angenommen, dass der Intellect dem Menschen nicht unmittelbar, sondern durch Vermittelung der anima sensitiva eigne, ist jene Vermittelung entweder als mediatio dispositionis, oder als mediatio accidentalis, oder endlich als mediatio naturalis zu fassen. Als mediatio dispositiva bezeugt sie den Formcharakter des Intellectes; denn alle dispositiones mediae in der Materie zwecken auf eine zu introducirende Form ab. Eine mediatio accidentalis anzunehmen ist unzulässig, weil für den Fall einer derartigen Mediation dem Menschen das Menschsein und Intelligere etwas Zufälliges wäre. Für den Fall einer mediatio naturalis aber oder mediatio ordinis naturae hat der Intellect eine natürliche Inclination zum belebten Menschengebilde, die im gegebenen Falle nur als Inclination der Form zum Stoffe begriffen werden kann. Der Intellect ist etwas dem Menschen wesentlich Inhärirendes; den Charakter einer solchen Inhärenz hat aber eben nur dasjenige, was sich zu dem, welchem es inhärirt, als Form verhält.

Wir hörten oben, dass der Intellect zunächst Wesensform der Seelensubstanz sei; und es fragt sich nun, wie dieser Formcharakter des Intellectes mit jenem anderen, zufolge dessen er auch dem Leibe als Form eignen soll, zu vermitteln sei. An und für sich zeugt es allerdings noch von einer ziemlich unentwickelten Sprechweise, wenn statt des Ausdruckes ‚sinnliche Lebendigkeit', die zufolge ihrer teleologischen Beziehung auf das intellectuelle Thun und Wirken des Menschen die intellective Seele zu ihrer wesentlichen Lebensform hat, der Ausdruck ‚Leib' gebraucht wird;[1] wir müssen uns indess der Denkweise des Duns Scotus anbequemen, der im Leibe als solchem und abgesehen von seiner Lebendigkeit ein fertiges Esse sieht, das er im abstracten Denken festhält, ohne sich um die mit den Lebensbedingungen des Leibes zusammenfallenden Existenzbedingungen desselben zu kümmern. Er sagt freilich, dass die Seele als Vegetationsprincip dem Leibe das Esse substantiale verleihe: die Art und Weise aber, wie er diess ausspricht, bekundet hinlänglich, dass eine specielle Advertenz auf die Vitalvorgänge des Leibes und überhaupt auf die Vitalität desselben gänzlich ausser seinem Gesichtskreise liege.[2] Demzufolge beschäftiget ihn vornehmlich nur das Verhältniss des Leibes zur sensitiven und intellectiven Seele, deren jede seiner Erklärung zufolge in einer anderen Art Formprincip des Leibes ist — die intellective Seele, sofern der menschliche Leib in der ebenmässigsten Durchbildung seines Stoffes zur Vereinigung mit einem intellectiven Formprincipe geeignet ist;[3] die sensitive Seele, sofern dieser ebenmässigst durchgebildete

---

[1] Duns Scotus erklärt, wie man nicht bloss die intellective Seele, sondern den Intellect selber Form des Leibes nennen könne, in folgender Weise: Pars intellectiva, ut est de genere substantiae, est forma et actus materiae, ipsa vero ut potentia habet esse in materia, quia illud, cujus est potentia, sive cum quo idem est, est in materia et forma materiae, et per consequens ipsa potentia intellectiva aliquo modo est in materia. Rer. princip. qu. 9, art. 2, sect. 2.

[2] Advertendum . . . . . quod anima humana, quae de se est vegetativa, sensitiva et intellectiva, si consideretur ut dans esse substantiale, nec ut sensitiva nec ut intellectiva est forma corporis ut organici, sed solum ut est corpus mistum et complexionatum. Ibid.

[3] Materia corruptibilis in humano corpore est altissima et nobilissima et dignissima, et ad actus altissimos, ut est in composito, apta. Et hoc est, quod dicit Avicenna VI Naturalium part 4, c. 5: ‚Complexio, quo magis accesserit ad medium complexionis, aptius fiet ad recipiendum augmentum perfectionis vitae; cum vero temperatissimum fuerit, ita ut contraria aequalia sint in eo, et aequaliter operentur, coaptabitur perfectioni vitae rationabilis.' Ibid.

Leib das bestgeeignete Organ sinnlicher Wahrnehmung ist.[1] Die intellective Seele setzt den leiblichen Organismus als etwas für sie Gegebenes voraus, und ist weder Wirkungsgrund seiner Existenz, noch auch Princip seiner organischen Verrichtungen, während die Sensationsfähigkeit doch wenigstens zur Vollkommenmachung der Functionen der organischen Leiblichkeit dient, obschon der Bestand oder das Esse der organischen Leiblichkeit als solcher auch von der sensitiven Seele unabhängig ist. Wir entnehmen aus dem Gesagten, dass die Intellectivität in ganz anderem Sinne Formprincip der Seele, als die intellective Seele Formprincip des Leibes ist; die Form der intellectiven Seele verleiht dieser das Sein, der Leib aber hat sein Esse unabhängig von der Intellectivität der Seele, obschon mit durchgängiger Beziehung auf dieselbe, wodurch er sich von jedem anderen bloss thierischen Organismus unterscheidet.

Obschon die drei Informationsprincipien: die anima vegetativa, sensitiva und intellectiva, nach der ausdrücklichen Erklärung des Duns Scotus substantiell Eins sind,[2] und die zwei ersteren, wie er sich ausdrückt, in der anima intellectiva wurzeln,[3] so wird doch die anima vegetativa von den beiden anderen sehr bestimmt unterschieden. sofern er dieselben von aussen in das Product der elterlichen Zeugung eintreten lässt, während die anima vegetativa diesem Producte als solchem angehört. Die elterliche Zeugung producirt also durch sich selbst nicht den ganzen Menschen, sondern bloss den Leib desselben als ein Gebilde, das zur Reception der intellectiven Seele disponirt ist;[4] mit dieser wird aber dem Leibe zugleich auch die sensitive Seele durch einen göttlichen Creationsact infundirt,[5] so dass die Menschenerzeugung weit mehr ein übernatürlicher, denn ein natürlicher, weit mehr ein göttlicher denn ein menschlicher Act ist, und weit mehr ein Schöpferact, denn ein Generationsact genannt zu werden verdient. Das menschliche Zeugen unterscheidet sich hiedurch durchgreifend vom thierischen Zeugen,[6] durch welches das Gezeugte in seiner Ganzheit aus dem Zeugungsstoffe educirt wird, also auch die anima sensitiva des Thieres. Er verwirft zwar den Gedanken eines der irdischen Materie als solcher immanenten Lebens, das durch die thierische Zeugung gewissermassen aus seiner Latenz hervorgezogen würde; aber er behauptet, dass die Wesensformen der thierischen Existenzen keimartig in der Materie präexistiren, und durch die Zeugung actualisirt werden. Der Umstand, dass das Thier in Kraft der Zeugung eine sensitive Seele hat, während diese dem Producte der menschlichen Zeugung von Aussen eingesenkt wird, bekundet den Vorzug der menschlichen anima sensitiva vor jener des Thieres, welche ausgedehnt und theilbar ist,[7] während jene des Menschen zufolge ihrer substantiellen Einheit mit der intellectiven Seele an der Einfachheit und Unausgedehntheit derselben Theil hat, und mit ihr als tota in toto et qualibet parte corporis gegenwärtig ist. Als Educt aus der irdischen Materie wäre die menschliche anima sensibilis vergänglich wie die Thierseele, und so würde in diesem Falle das in aufsteigender Ordnung allgemein sich

---

[1] In corpore humano duplex est compositio; una corporis, inquantum corpus est substantia mixta, complexionata in altissimo et temperatissimo gradu mistionis et complexionis . . . alia vero compositio est corporis, ut est habens proportiones competentes organis, ut sunt susceptiva specierum sensibilium. Quae dispositio consistit in debita quantitate et qualitate et temperamento qualitatum miscibilium, secundum quas fit media ratio et proportio ad suscipiendum in se species sensibilium. Ibid.
[2] 4 dist. 44, qu. 1.
[3] Rer. princip. qu. 10, art. 4.
[4] Rer. princip. qu. 10, art. 2. — 4 dist. 43, qu. 3.
[5] Rer. princip. qu. 10, art. 4.
[6] Rer. princip. qu. 10, art. 3 — 2 dist. 15, qu. unic. — 2 dist. 18, qu. unic.
[7] Rer. princip. qu. 12, art. 4. — 4 dist. 1, qu. 5 — 4 dist. 44, qu. 1.

bewährende kosmische Gesetz der in einer bevorzugten Wesensclasse sich vollziehenden Erhebung des Niederen in das ihm zunächst übergeordnete Höhere, gerade im Menschen, dem Gipfel der sichtbaren Wirklichkeit, plötzlich zum Falle kommen. Das im kosmischen Ganzen sich durchgängig vorweisende Aufstreben zu höheren und vollendeteren Seinsweisen vollzieht sich nämlich in Form einer kegelartigen Zuspitzung, welche macht, dass von den einer bestimmten Seinsstufe angehörigen Existenzen ein auserwählter Theil, unter Zurücklassung aller übrigen auf ihrer Seinsstufe, in eine höhere emporgehoben, und so über sich selbst erhoben wird. So zeigt sich ein Theil der zusammengesetzten irdischen Körper in den Pflanzen aus der Seinsstufe der unbelebten mineralischen Körper in den Bereich der vegetativen Lebendigkeit erhoben; in der Thierwelt das weitverbreitete Gebiet der vegetativen Lebendigkeit in jenes der animalischen Sensibilität erhoben. Demnach muss auch wieder die Sensibilität in einem bestimmten bevorzugten Theile irdischer Lebewesen über sich selbst erhoben und in eine höhere Seinsstufe eingerückt werden. Die kegelartige Zuspitzung im Aufsteigen zum Höheren zeigt sich darin, dass von der unermesslich grossen Zahl der gemischten und complexionirten irdischen Körper nur ein Theil vegetatives Leben hat, von den vegetativ lebendigen Körpern nur ein Theil sensibel ist, von den sensiblen Lebewesen nur ein Theil zugleich auch intellectionsfähig ist. Die vollkommene Zuspitzung der auf der breiten Basis der sinnlichen Naturexistenz sich erhebenden Pyramide vollzieht sich in Christus, in welchem die intellective Menschenexistenz in die unmittelbare personhafte Einigung mit Gott hineingenommen ist. Die wesenhafte Einheit der anima sensibilis mit der intellectiva ist auch darum nothwendig gefordert, weil nur unter dieser Bedingung ein wirklicher Vorzug der menschlichen Sinnenseele vor jener des Thieres gewahrt ist; denn es ist bekannt, dass der Mensch an Schärfe der Sinne vielen Thieren nachsteht, daher seine anima sensibilis nicht durch ihre Thätigkeit, sondern nur vermöge ihres Wesensranges über jener des Thieres stehen kann. Gegen den aus Aristoteles entlehnten Einwurf, dass einzig der Intellect von Aussen in den Menschen komme, glaubt Duns Scotus (freilich unrichtig) bemerken zu dürfen, dass Aristoteles an der bezüglichen Stelle[1] keineswegs die intellective Potenz in ihrem Unterschiede von der sensitiven und vegetativen Potenz, sondern die Substanz der intellectiven Seele meine, welche alle jene Potenzen in sich schliesse. Wir haben hier zu constatiren, dass Thomas Aquinas, welcher die anima sensibilis des Menschen als Product der elterlichen Zeugung ansieht,[2] und einzig die intellective Seele unmittelbar durch Gott verliehen werden lässt, nicht nur der aristotelischen Auffassungsweise näher steht, sondern auch den Aristoteles richtiger interpretirte, als Duns Scotus, dessen anthropologische Anschauungen in dem eben besprochenen Punkte zu jener Art von Dualismus zurückstreben, wie er in des Gennadius Schrift de dogmatibus ecclesiasticis vertreten ist. In der That beruft er sich für seine Ansicht von der wesenhaften Einheit der anima sensibilis mit der anima intellectiva auf eine Stelle jener Schrift,[3] die er übrigens nur aus der pseudo-augustinischen Schrift de Spiritu et Anima[4] kennt und für eine Aeusserung Augustins nimmt.[5] Natürlich hält sich Duns Scotus in

---

[1] Λείπεται τὸν νοῦν μόνον θύραθεν ἐπεισιέναι καὶ θεῖον εἶναι μόνον. Gen. animal. II, 2, p. 736.
[2] 1 qu. 118, art. 1.
[3] Gennad. dogm. eccl. c. 14.
[4] De Spir. et An., c. 48.
[5] Die Stelle lautet: Dicimus, corpus per conjugii copulationem seminari, Dei vero judicio coagulari in vulva matris et compingi atque formari, ac formato jam corpore animam creari et infundi, ut vivat ex utero homo ex corpore constans et

Folge dessen für berechtiget, auch seine Ansicht von der Unvergänglichkeit der anima sensibilis des Menschen auf die Auctorität des heiligen Augustinus zu stützen, während Thomas' die Berufung auf eine einschlägige Stelle in der Schrift de Spiritu et Anima² mit der Bemerkung abweist, dass jene Schrift keinen Anspruch auf Beachtung habe.³ Thomas unterscheidet zwischen solchen Seelenkräften, deren Subject einzig die Seele ist, und anderen, welche den Menschen als geistig sinnliches Wesen zum Subjecte haben. Die Kräfte ersterer Art: Intellect und Wille, verbleiben der Seele auch nach ihrer Trennung vom Leibe; die Potenzen der sensitiven und nutritiven Seele verbleiben ihr nach dem Leibestode bloss virtuell, nicht aber actuell.

Fragen wir nach einem inneren psychologischen Grunde, welcher Duns Scotus bewegen konnte, an der Unvergänglichkeit und wesenhaften Identität der anima sensibilis mit der intellectiva festzuhalten,⁴ so wird es wohl kein anderer gewesen sein als dieser, dem unsterblichen inneren Seelenmenschen den Vollgehalt des psychischen Innenlebens, das nicht im Denken und Wollen aufgeht, zu retten.⁵ Bei Thomas lag die Sache anders; indem er bestimmter und entschiedener als Duns Scotus das Wesen oder den Grund der Seele von den Potenzen derselben abschied, konnte er in dem verborgenen Grunde derselben ein schlummerndes Sehnen und Begehren nach absoluter Erfüllung und Befriedigung voraussetzen, über dessen Ziel und Gegenstand erst die vom Leibe geschiedene Seele zum vollkommen klaren Bewusstsein gelangt, und welches selber erst in der ihres Leibes ledig gewordenen Seele mit voller Macht und Entschiedenheit sich vernehmbar macht. Wir begreifen sonach, welches Interesse zufolge ihres strengen Festhaltens an der aristotelischen Psychologie Thomas, wie vor ihm schon Albert, haben konnten, das Wesen der intellectiven Seele von den Potenzen, deren ausschliessliches Subject sie nach Aristoteles ist, so bestimmt abzutrennen; es handelte sich für sie darum, der geistig-seelischen Innerlichkeit des Menschen einen Lebens- und Thätigkeitsgehalt zu retten, der im bewussten Denken und Wollen des irdischen Zeitmenschen nicht aufgeht, ja demselben nach ihrer Ansicht nicht einmal deutlich ins Bewusstsein tritt, es sei denn, dass Gnade und Erleuchtung den Menschen über sich selbst erheben. Duns Scotus hingegen wollte den Menschen eben in diesem inneren Kerne seines geistigen Lebens und Strebens fassen: und da er gleichfalls an der aristotelischen Psychologie insoweit festhielt, dass er ihren Schematismus der Seelenvermögen als kanonisch giltig hinnahm, so wusste er dem inneren Seelenmenschen den Vollgehalt seines Lebens und Empfindens nur dadurch zu retten, dass er die von Aristoteles der sensiblen Seele zugeschriebenen irasciblen und concupisciblen Thätigkeiten, also mit Einem Worte das Affectleben der Seele in die innerlichste Tiefe derselben verlegte und mit dem intellectiven Begehren derselben innigst

---

anima. Nec duas animas credimus esse in uno homine, unam scil. animalem .... et alteram spiritualem ... sed dicimus unam animam eandemque esse in homine, quae et corpus sua societate vivificat et semetipsam sua ratione disponit.
¹ 1 qu. 77, art. 8.
² Dicitur in libro de Spir. et an. (c. 15 a princip.), quod anima secedit a corpore secum trahens sensum et imaginationem, rationem et intellectum, intelligentiam, concupiscibilitatem et irascibilitatem. — Diese Stelle ist aus Isaak's v. Stella Schrift de anima entnommen.
³ Liber ille auctoritatem non habet; unde quod ibi scriptum est, eadem facilitate contemnitur, qua dicitur. l. c.
⁴ Vgl. auch Hugo a St. Victore Erud. didascal, II, 5: Simplex substantia est anima, nec aliud, nec minus est ratio in substantia quam anima; nec aliud, nec minus est irascibilitas vel concupiscibilitas quam anima; sed una eademque substantia secundum diversas potentias diversa sortitur vocabula. Has potentias naturaliter habet, antequam corpori misceatur.
⁵ Ein sinnliches Empfinden spricht Duns Scotus der anima separata eben so gut wie Thomas ab: Potentiae sensitivae sub ratione completa, qua sunt principium operandi, non remanent in anima separata, sed incomplete et in radice. Rer. princip. qu. 11, art. 2.

verschmolzen dachte. Da er aber nicht Mystiker, sondern Scholastiker war, so drängte er die affectuosen Stimmungen der mystischen Theologie in sich selbst so weit zurück, als es ihm im Interesse eines scharfen und klaren Denkens geboten schien; da ihm indess das Gebiet der metaphysischen Realerkenntniss sich in dem Grade verengte, in welchem er die Ansprüche eines strengen Denkens steigerte, so kam er unter Verzicht auf eine speculative Erkennbarkeit dessen, was der im gläubigen Denken festgehaltenen überirdischen Wirklichkeit angehört, dahin, den Inhalt dessen, was die kirchliche Theologie über die höchsten, ewigen Ziele der Menschheit lehrt, unter dem vorherrschenden Gesichtspunkte eines praktischen Willensinteresses anzusehen, wobei er aber als Christ, als Theolog und Ordensmann eben nur an den in heiliger Liebe geklärten, Gott zugewendeten Seelenwillen dachte. Diess ist der eigentliche Sinn und innerste Grundgedanke seiner Lehre von der im Menschen in die Region der Intellectivität emporgehobenen anima sensitiva. Mit dieser seiner theologischen Grundrichtung hängt sein anthropologischer Dualismus auf das engste zusammen. Je schärfer sich in seinem Denken die übernatürliche Ordnung von der natürlichen abschied, desto mehr stellte sich ihm letztere in einem gewissen Grade relativer Unabhängigkeit von ersterer dar. Diese Auffassung reflectirte sich sodann auch in seiner Anschauung vom Menschen, der zunächst in seiner seelischgeistigen Innerlichkeit in den Zusammenhang mit jener höheren übernatürlichen Ordnung gezogen ist; die irdische Leiblichkeit besteht in einer relativen Unabhängigkeit von der seelisch-geistigen Innerlichkeit, und die unmittelbare Verbindung zwischen Seele und Körper ist bei Duns Scotus nur dadurch hergehalten, dass er sich zu dem Satze von der Seele als Lebensprincip des Leibes bekennt, so ungenügend auch immerhin die in den allgemeinen metaphysisch-kosmologischen Anschauungen seines Denksystems enthaltene Begründung desselben ist. Der anthropologische Dualismus des Duns Scotus hat seinerseits wieder seinen Rückhalt in dem eben aufgewiesenen allgemeinen Verhältniss zwischen Stoff und Form. Duns Scotus steht bezüglich dieses Punktes in seinem Zeitalter nicht vereinzelt da. Der Satz, dass die Materie ein von der Form unabhängiges Esse habe, findet sich auch bei Heinrich von Gent;[1] die Lehre von den der Materie eingeschaffenen Rationes seminales gehört zwar zunächst Augustinus an, ist aber in der Naturlehre des Landsmannes und Ordensgenossen des Duns Scotus, Roger Bacon, ausgeprägt, von dessen geistigem Einflusse, wenn auch nur mittelbar und theilweise, Duns Scotus immerhin berührt worden sein mag.

Duns Scotus verwirft die thomistische Unterscheidung eines realen Unterschiedes zwischen dem Wesen der Seele und den Kräften derselben, und entscheidet sich mit Bonaventura für das Gegentheil dieser Ansicht.[2] Man könne nicht läugnen, dass die Seele Subject oder Träger ihrer Acte sei; unmittelbarer als diess aber ist sie die active Veranlasserin derselben. Wenn sie nun Subject ihrer Acte nur als Substanz sein kann, so werden um so mehr ihre Thätigkeitsemotionen unmittelbar ihrem substantiellen Wesen angehören. Jede Substanz ist unmittelbare Ursache des durch sie gewirkten Accidens proprium; wie z. B. ein Feuer, welches einen Gegenstand brennen macht, unmittelbar durch sich selber, durch seine Wesensform Ursache des erzeugten Feuers ist, und umgekehrt auch dieses aus der Materie, also aus der Substanz des entzündeten Objectes, educirt wird. Die Seele ist zur Einigung mit Gott, dem absolut Einen bestimmt; die

---
[1] Quodlibetica I, qu. 10.
[2] Rer. princip. qu. 11, art. 3. — 2 dist. 16, qu. unic. — 4 dist. 44, qu. 2.

Einigung vollzieht sich im Erkennen und Wollen der Seele, also müssen auch die Kräfte des Erkennens und Wollens mit dem Wesen der Seele Eins sein, weil sonst die Seele durch sie nicht zur unmittelbaren Vereinigung mit Gott gelangen könnte. Die Seele geht aus dem Schöpferwillen Gottes, der mit Gott identisch ist, ohne ein vermittelndes Medium aus, und muss daher auch Gott als ihr Ziel ohne ein dazwischen tretendes Medium erreichen können; also müssen Erkenntniss und Wille mit dem Wesen der Seele Eins sein, können nicht ein Superadditum dieses Wesens sein. Die Seele ist ein Bild des dreieinigen Gottes; gleichwie nun in der göttlichen Wesenheit die Personsunterschiede Relationsunterschiede sind, so werden auch die Potenzen der Seele bloss beziehungsweise Unterschiede im Sein der Seele constituiren. Man hat in der seelischen Potenz Materie und Form zu unterscheiden; die Materie ist mit der Substanz der Seele gegeben, die Form durch die Wirkungsweise,[1] diese aber durch das Object, auf welches sich das Wirken bezieht. Je nachdem nun das Wirken der seelischen Potenzen auf das Seiende als solches oder auf das begränzte und verengte Seiende geht, ergibt sich der Grundunterschied oder generische Unterschied zwischen intellectiver und sensitiver Potenz. Die intellective Potenz unterscheidet sich vom Willen durch den Modus der Beziehung auf ein bestimmtes Object;[2] die sensitive Potenz diversificirt sich nach Verschiedenheit der sensitiven Potenzen. Erkennen und Begehren, welche die von einander unterschiedenen Modos der Selbstbeziehung der intellectiven Potenz auf das Object ausdrücken, sind selbstverständlich auch Acte der sensitiven Seele, werden aber als solche von Duns Scotus nicht speciell hervorgehoben, weil ihm die sensitive Seele mit der intellectiven sachlich Eines ist: als specifische Potenzen der anima sensitiva bezeichnet er nur eben solche, welche der Seele in ihrer Vereinigung mit dem Leibe zukommen und deren Actionen sonach Actiones conjuncti sive compositi humani sind.

Duns Scotus lässt sowohl das Erkennen als auch das Begehren der Seele erst durch die specifische Beziehung auf ein sinnliches Object zu einem sinnlichen Erkennen und Begehren werden, und theilt die Bewegungen des Concupiscibile und Irascibile der intellectiven Seele als solcher zu; das Zusammensein der anima intellectiva mit der sensitiva involvirt ihm nur eine specielle Tingirung jener Bewegungen. Diess erhellt daraus, dass er das Erkenntniss- und Affectleben der Engel durchaus nach Analogie des menschlichen fasst, und demzufolge auch Engel und Menschenseele entschieden näher aneinanderrückt, als es in der thomistischen Theologie der Fall ist. Der Engel konnte als geistiges Wesen — sagt Thomas Aquinas[3] — nur durch die Sünde des Hochmuthes fallen; und dieser ersten Sünde konnte als zweite Capitalsünde nach dem Falle nur noch der Neid (über die göttliche Vollkommenheit und über die Unschuld des Menschen) nachfolgen. Duns Scotus bestreitet,[4] dass das Wesen der Sünde des Engels der Hochmuth gewesen sei. Die Sünde des fallenden Engels war eine grösste unheilbare Sünde; der Hochmuth ist aber nicht die grösste Sünde, weil sonst die Demuth die grösste der Tugenden sein müsste, während sie doch sicherlich der Charitas und der Amicitia nachsteht. Zudem ist der Hochmuth eine Regung des Irascibile, welche jedoch immer erst einer Erregung

---

[1] Daher die scotistische Formel, dass die Potenzen der Seele vom Wesen derselben formaliter verschieden seien.
[2] Distinctio intellectivae potentiae a voluntate apparet ex modo tendendi in objectum, cognitione vel affectu. Rer. princip. qu. 11, art. 2.
[3] 1 qu. 63, art. 2.
[4] 2 dist. 6, qu. 2.

des Concupiscibile nachfolgen kann; jedes Nolle hat, wie Anselm von Canterbury in seiner Schrift de casu diaboli lehrt, zu seiner Voraussetzung ein Velle.[1] Dieses spaltet sich seinerseits wieder in ein Velle amicitiae und Velle concupiscentiae, welches dem Velle amicitiae nachfolgt. So hat denn auch die Sünde des Engels mit einem Amor amicitiae begonnen, und zwar mit einem ungeordneten Amor amicitiae suiipsius, der sodann weiter ein ungeordnetes Velle concupiscentiae nach sich zog. Dieses Velle kann nur als ein ungeordnetes Begehren nach Glückseligkeit verstanden werden, das sich nicht an die Forderungen der Gerechtigkeit kehrte, sondern einzig das selbstische Interesse im Auge hatte. So fasst auch Anselm dieses zweite Velle.[2] Dasselbe erklärt sich psychologisch aus der Analogie, welche es mit dem durch den Sehsinn provocirten Gelüsten in der ersten Menschensünde hat. Dieses Gelüsten war durch einen sinnlichen äusseren Eindruck bedingt, welcher das Begehren auf ein bestimmtes sinnliches Object als höchstes Begehrenswerthes lenkte; beim Engel fällt diese Beschränkung auf ein besonderes sinnliches Object hinweg, somit konnte das Velle concupiscentiae schlechthin nur auf das Seligsein als solches sich beziehen. Sündhaft war dieses Begehren als ein der Regel der Gerechtigkeit entzogenes, somit eigensüchtiges Begehren. Daran konnten sich im weiteren Progresse der Wesens- und Willensverkehrung hochmüthige Selbsterhebung über andere Wesen gleicher Art, Begehren nach gottgleicher Seligkeit, Hass gegen die nicht abwendbare Oberherrschaft Gottes, endlich der Wille, dass Gott nicht sei, anschliessen. Die Sünde des Engels schloss also den Hochmuth erst als Folge ihrer genetischen Entwickelung in sich. Der ungeordnete Amor amicitiae zu sich selber, wovon jene Sünde ihren Ausgang nahm, ist weit mehr unter die Capitalsünde der Wollust einzubeziehen; ausser der grobsinnlichen Wollust gibt es auch eine feinere geistige.[3] Die weiter noch aufgewiesenen ungeordneten Regungen sind unter die Capitalsünden des Zornes[4] und Neides einzubeziehen, so dass ausser der Gula und Acedia, die nur beim Menschen als sinnlichem Erdenwesen möglich sind, so ziemlich alle Capitallaster des menschlich Bösen in der Sünde des Engels aufzuweisen wären.[5] Daraus erklärt und begründet sich der von Duns Scotus gelehrte Satz,[6] dass Engel und Menschenseele sich nicht wie zwei verschiedene Arten von Species zu einander verhalten, sondern die Menschenseele eine Theilspecies der durch die Engel repräsentirten Species von Wesen darstelle.

Die menschliche Seele ist ein Bild des dreieinigen Gottes,[7] sofern in ihr die drei Potenzen Memoria, Intellectus, Voluntas, zu unterscheiden sind, welche so auseinander

---

[1] Duns Scotus verweist auf das von Anselm gewählte Beispiel de casu diaboli c. 3: Avarus, cum vult tenere nummum, et mavult pancm, quem habere nequit nisi nummum det, prius vult dare i. e. deserere nummum, quam non velit tenere. Non enim illum ideo vult dare, quia non vult tenere; sed ideo non vult tenere, quia ut panem habeat, necesse est dare.

[2] Aperte video — erwidert in Anselm's Dialoge de casu diaboli c. 4 der Schüler dem Lehrer — quia peccavit et volendo quod non debuit, et non volendo quod debuit; et palam est quia non ideo voluit plus quam debuit, quia noluit tenere justitiam; sed ideo justitiam non tenuit, quia aliud voluit, quod volendo illam deseruit, sicut in avaro de nummo et pane monstrasti.

[3] Peccatum, in quo inordinate delectatur quis in speculatione conclusionis geometricae, ad luxuriam reducitur — bemerkt Duns Scotus erläuternd hiezu.

[4] Vgl. dagegen Thomas Aq.: Ira cum quadam passione est, sicut et concupiscentia; unde ipsa in daemonibus esse non potest, nisi metaphorice. 1 qu. 43, art. 2.

[5] Dass in der von Duns Scotus versuchten Weise, die menschlichen Capitallaster in der Sünde des Engels nachzuweisen, auch die Avaritia aufgewiesen werden könnte, zeigt Thomas l. c.: Si avaritia dicatur omnis immoderata cupiditas habendi quodcunque bonum creatum, sic avaritia continetur in daemonibus, sicut et superbia.

[6] 2 dist. 1, qu. 4.

[7] 2 dist. 16, qu. unic.

hervortreten, wie in der göttlichen Dreieinheit der Sohn aus dem Vater, und der Geist aus Beiden hervorgeht. Aus der Memoria geht sonach der Intellect, aus beiden die Voluntas hervor. Jedoch nur, soweit diese drei Potenzen activ sind, stellt sich in ihnen formaliter das Bild der göttlichen Dreieinheit dar, abgesehen hievon nur virtualiter, weil die Potenzen an sich und bevor sie in die Thätigkeit übergegangen sind, nicht actuell auseinandertreten.[1] Wenn wir oben Duns Scotus als scholastischen Peripatetiker bloss zwei Potenzen der intellectiven Seele: Intellect und Wille, unterscheiden sahen, während er als Theolog mit dem heiligen Augustinus drei Potenzen nennt, so sehen wir hier zunächst eine Kluft zwischen rationellem und gläubigem Erkennen constatirt, die wir uns aus der schon betonten Schärfung des Gegensatzes zwischen Natürlichem und Uebernatürlichem bei Duns Scotus zu erklären haben. Weiter entnehmen wir aber aus der Analogisirung der Memoria mit der ersten Hypostase des göttlichen Ternars, welche im Verhältniss zu den beiden übrigen die Essenz des göttlichen Wesens repräsentirt, dass auch die Memoria im Unterschiede von Intellect und Wille mehr oder weniger mit dem Wesen der Seele selber zusammenfalle, diese also ihrem Wesensbegriffe zufolge denkhaftes Sein sei. Daraus erklärt sich das Widerstreben des Duns Scotus gegen die thomistische Abscheidung der Potenzen der intellectiven Seele vom Wesen derselben. Er will eine Unterscheidung beider nur insoweit zugeben, als dieselbe denknothwendig gefordert ist; man wird den Sinn des oben angeführten Terminus: Distinctio formalis, dahin zu bestimmen haben, dass die intellective Seele in der Thätigkeit ihrer intellectiven Potenzen gewisser Massen sich selber actualisire, sich Form und Gestalt gebe. Das Denken des Duns Scotus war jedoch zu sehr formalisirt und in abstract metaphysischen Kategorien befangen, als dass er sich zu einer derartigen Verlebendigung der von ihm selbst aufgestellten Verhältnissbestimmung zwischen Wesen und Kräften der Seele hätte erschwingen können. Zudem liess er die Memoria, welche den Ansatz einer Verlebendigung und Vertiefung des peripatetischen Seelenbegriffes hätte abgeben müssen, ausser dem Bereiche seiner psychologischen Forschung; sie hatte für ihn nur ein erkenntnisstheoretisches Interesse, und wird daher von ihm, wie bei den übrigen Peripatetikern nur in der Lehre vom Erkennen abgehandelt. Schon seine Eintheilung der Memoria in ein sinnliches und intellectives Gedächtniss gibt dies zu erkennen; an die auf sich selbst stehende Bedeutung derselben wird nur einmal angestreift — da nämlich, wo Duns Scotus die drei Potenzen der Seele: Memoria, Intellectus, Voluntas, mit den drei Passiones Entis: Unum, Verum, Bonum, in Parallele stellt, und ihr Verhältniss zur Seele aus jenem der genannten Passiones Entis zum Ens als solchem erläutert. Zugleich aber bekundet dieser Vergleich das Festgebanntsein des Duns Scotus in abstracten ontologisch-metaphysischen Denkkategorien, die für sich allein nicht ausreichen, das Wesen der Dinge zu erklären.

Die Psychologie des Duns Scotus fasst ihrem Inhalte nach Ontologisch-Metaphysisches, Erkenntnisstheoretisches und Thelematologisches in sich, und bekundet hiedurch Art und Grad ihrer Ausbildung. Die Erkenntnissthätigkeit der Seele betreffend geht Duns Scotus von dem in der Scholastik gemeingiltigen Satze aus, dass die Seele ursprünglich tabula rasa sei, und von der Erkenntniss des Sinnlichen sich zur Erkennt-

---

[1] So weit die Potenzen der Seele nicht activ sich bethätigen, ist die des Erkennens und Wollens fähige Seele formaliter nur ein Bild der göttlichen Wesenheit als solcher, abgesehen von der in der Einheit dieses Wesens sich aufschliessenden Dreiheit. Ibid.

niss des Uebersinnlichen zu erheben habe. Dieser Satz steht bei ihm in engster Verbindung mit seinem anthropologischen Dualismus,[1] und erhält auch eine demselben entsprechende Gestaltung. Die Lehre von der Nothwendigkeit der Präcedenz der sinnlichen Erkenntniss spitzt sich in den Satz zu, dass das Esse oder die actuale Existenz der Sinnendinge den Inhalt der sinnlichen Anfangserkenntniss des Menschen bilde, welche die Unterlage aller weiteren Erkenntnisse bilde. Dieses Esse der Sinnendinge bildet das Correlat zu dem von Duns Scotus so entschieden betonten Esse des Leibes im Unterschiede vom Esse der Seele, und das Betonen jenes Esse steht einerseits in Verbindung mit der bei Duns Scotus durchschlagenden Bedeutung des Individuellen als des Hocce esse, andererseits bekundet es die gegen den speculativen Thomismus reagirende Auffassung des sinnlich Wirklichen. Das speculative Interesse des Thomismus bezieht sich auf die Bewältigung des in der sinnlichen Erfahrung Gegebenen durch geistige Ergreifung der in den einzelnen Sinnendingen plastisch ausgeprägten Formgedanken. Das menschliche Erkennen ist nach Art des menschlichen Seins zu fassen; dieses muss sich in jenem reflectiren. Wie nun der Mensch eine plastische Einheit von Stoff und Form, und das Stoffliche ganz und gar in die Wesensform hineingenommen ist, so dass es sein Esse nur in und kraft dieser hat, so ist auch die Erkenntniss des Dinges durch die Apprehension der in ihm ausgeprägten Wesensform vermittelt, und geht in dieser Apprehension auf; durch jene Apprehension ist das besondere Ding selber in seiner Besonderheit ergriffen (wenn schon nicht unmittelbar zugleich auch begriffen). In diesem Sinne lehrt Thomas,[2] dass der menschliche Intellect das Singuläre in den Sinnendingen nicht direct und unmittelbar, sondern durch Vermittelung der Species intelligibilis, oder wie wir sagen würden, der aus der Sinnesvorstellung hervorgezogenen Idee des Dinges erkenne. Dem gegenüber behauptet Duns Scotus, dass der Intellect in allen sinnlichen Wahrnehmungen der menschlichen Seele gegenwärtig sei, gleichwie nach Aristoteles die Kraft des ersten Bewegers in den Actionen aller ihm subordinirten Bewegungsprincipien gegenwärtig ist, und dass die sinnliche Erkenntniss als solche eben nur in Kraft dieser activen Präsenz des Intellectes im sinnlichen Wahrnehmen sich actuirt.[3] Demzufolge wird das Sinnending unmittelbar durch die sinnliche Wahrnehmung der intellectiven Seele erkannt, und wäre ausserdem dem Intellecte gar nicht erreichbar, da die Imagination, aus deren Vorstellungsbilde der Intellect nach Thomas den Wesensgedanken des Dinges hervorzieht, nicht das Ding, wie es an sich ist, sondern bloss eine subjective Vorstellung präsentirt. Duns Scotus ist, wie wir aus dem Gesagten entnehmen, mit Thomas über die objective Wahrheit unserer Sinneserkenntniss einverstanden, versteht aber unter dieser objectiven Wahrheit nur die objective Wirklichkeit des Dinges, mit welcher das, was das Ding an sich ist, unmittelbar schon gegeben sei. Während Thomas in dem einzelnen Sinnendinge die auf eine bestimmte Art determinirte Materie sieht, deren im Intellectus possibilis recipirte Wesensform durch den Intellectus agens ans Licht gezogen werden soll, sieht Duns Scotus im Sinnendinge das auf eine bestimmte Art determinirte Sein,

---

[1] Si igitur in homine, in quantum homo, est multiplex cognitio, sensitiva scil. et intellectiva, in homine sunt duae naturae, scil. corporalis et spiritualis, ad quam corporalis sive corpus ordinatur, sicut imperfectum ad perfectum. Ergo pari ratione, cum sint duae cognitiones in eo, una scil. sensitiva, quae est imperfecta et tenens se ex parte corporis, ordinabitur ad eam, quae se tenet ex parte animae tanquam ad perfectum. Rer. princip. qu. 13, art, 1, sect. 3.

[2] 1 qu. 86, art. 1.

[3] Rer. princip. qu. 13, art. 3 — 2 dist. 3, qu. 11; 2 dist. qu. 2; 3 dist. 14; qu. 3. — Quodlibet 13, art. 2.

dessen Gedanke durch den Intellect unmittelbar, und zugleich mit der sinnlichen Wahrnehmung, aufgegriffen wird: die Seele ist in dem Wahrnehmungsacte zugleich empfindende und denkende, der wahrgenommene Gegenstand drückt sich unter Einem dem Sinne und Intellecte ein, und dieser Eindruck besagt durch sich selber, was das Ding sinnlich und geistig sei. Für Duns Scotus gibt es keinen Intellectus possibilis als eine vom Intellectus agens verschiedene Potenz; er kann bloss die zur intellectuellen Apprehension nothwendige Eindrucksfähigkeit oder passive Wahrnehmungsfähigkeit der intellectiven Potenz bezeichnen, welche sachlich mit der intellectiven Seele selber Eins ist. Der von der sinnlich concretisirten Selbstdarstellung des Sinnendinges hinwegsehende Allgemeingedanke des Dinges ist die in jedem sinnlichen Wahrnehmungsacte der intellectiven Seele unmittelbar enthaltene Zugabe der intellectiven Thätigkeit der wahrnehmenden Seele. Sie sieht in dem so oder so modificirten Phänomen eines Steines, Baumes, Menschen neben und in den sinnlichen Modificationen des Erscheinenden unmittelbar auch den Stein, Baum, Menschen als solchen, der ihm eben in jener sinnlich individualisirten Erscheinungsform sich darstellt. Was sich dem Intellecte in dem von ihm mittelst der sinnlichen Wahrnehmung appercipirten Objecte darstellt, ist nicht der auf eine bestimmte Art gestaltete Stoff oder die bestimmte Gestaltung desselben als solche, sondern die durch diese bestimmte Gestaltung und Individuirung des Stofflichen ausgedrückte Determination des Seienden als solchen. Denn das dem menschlichen Intellecte adäquate Object der Erkenntniss ist nach Duns Scotus nicht, wie Thomas will, die im Stoffe ausgeprägte Form, sondern das Seiende als solches. Er denkt sich also die menschliche Seele vom sinnlichen Stoffe unabhängiger und rückt sie den leiblosen Engeln näher als Thomas: was er aber freilich nur dadurch bewerkstelligen kann, dass er letztere aus der erhabenen Höhe, in welche die Thomistische Speculation sie emporhebt, herabrückt, um sie auch in Bezug auf ihre cognoscitiven Thätigkeiten dem Menschen näher zu bringen, was ihm um so näher lag, da sie ihm nicht rein immaterielle Wesen, wofür sie Duns Scotus nahm, sondern aus Form und Materie zusammengesetzte Wesen sind. Er besteht insbesondere darauf,[1] dass man den Engeln einen Intellectus agens und possibilis, nicht mit Thomas blos aequivoce,[2] sondern univoce, d. h. in demselben Sinne, wie dem Menschen zutheile. Dem Engel den Intellectus agens absprechen, hiesse ihn entweder Gott gleichstellen oder tief unter den Menschen stellen; ihm den Intellectus possibilis aberkennen, hiesse so viel, als ihm die Möglichkeit einer Erkenntniss der Einzeldinge, oder doch der Existenz der Einzeldinge absprechen. In Bezug auf die Erkenntniss der Sinnendinge besteht der Grundunterschied zwischen Engel und Mensch nur darin, dass sich dem Engel aus der Wahrnehmung unmittelbar der Begriff des Dinges ohne Eintauchung und Tingirung desselben im menschlichen Vorstellen ergibt. Die Annahme eines Intellectus possibilis im Engel ist eine denknothwendige Consequenz seiner Zusammensetzung aus Materie und Form; durch den Intellectus possibilis ist aber zugleich auch der Intellectus agens involvirt, weil die Thätigkeiten beider sich wechselseitig fordern und bedingen, da dem Intellectus agens jene Art abstractiver Thätigkeit, die ihm Thomas zutheilt, nicht zukommt, somit auch das Wesen des Intellectus possibilis nicht mit Bezug auf jene fälschlich angenommene abstractive Thätigkeit des Intellectus agens bestimmt werden kann. Der Intellectus possibilis bedeutet einfach die Receptionsfähigkeit der denkfähigen

[1] 2 dist. 3, qu. 11.
[2] Vgl. Thom. Aq. 1 qu. 54, art. 4.

Substanzen, der Intellectus agens die intellective Actionsfähigkeit derselben;[1] und diese letztere beschränkt sich einfach auf die logistischen Thätigkeiten des Unterscheidens, Vergleichens, Urtheilens, und Schliessens in Bezug auf das durch unmittelbare intellectuelle Apprehension Appercipirte. Diese rein intellectualistische Auffassung des geistigen Denklebens macht es Duns Scotus möglich, Engel und Menschenseele in Bezug auf ihre beiderseitigen cognoscitiven Denkthätigkeiten näher aneinanderzurücken; sie setzt auch einen ganz anderen Grundcharakter der Seele als intellectiven Denkwesens voraus. Die Seele ist da einfach nur Spiegel der in sie hineingeworfenen geistigen Reflexe der existenten Dinge, nicht aber die active Auswirkerin dieser Reflexe und geistige Nachbildnerin der mittelst derselben in ihr sich spiegelnden gegenständlichen Wirklichkeit, der Begriff der intellectiven seelischen Lebendigkeit also jedenfalls ein minder lebendiger, als der in der Thomistischen Speculation angestrebte.

Es wäre indess unbillig und verfehlt, die relative Berechtigung der Opposition des Duns Scotus gegen die Thomistische Erkenntnisstheorie irgendwie bestreiten zu wollen. Sagen wir es einfach, der Thomistische Gedanke einer Hervorziehung des Wesensgedankens des sinnlichen Dinges aus seiner sinnlichen Erscheinung oder aus dem Reflexe derselben in der seelischen Innerlichkeit ist ein unwahrer Gedanke, der mit einem in der Thomistischen Speculation nicht überwundenen unphilosophischen Empirismus aufs engste zusammenhängt. Den Wesensgedanken eines Dinges kann die Seele nicht aus dem gegebenen Dinge abziehen, sie muss ihn aus sich selbst hervorstellen; die Ideen kommen nicht durch Abstraction zu Stande, sie sind unmittelbare geistige Intuitionen, sie sind Gedanken, die aus den Tiefen der inneren seelischen Denknatur, des inneren geistigen Denklebens der Seele herausgesetzt werden. Der Aufgang des idealen Denklebens in der seelischen Innerlichkeit ist allerdings durch den lebendigen Verkehr des Menschen mit der gegenständlichen Wirklichkeit bedingt, diese ist die unumgänglich geforderte Erregerin des seelischen Denklebens; sie gibt aber nicht die Ideen so zu sagen selber an die Hand, sie kann nur das Aufwachen derselben in der Seele sollicitiren, zum Aufleuchten derselben in den Tiefen der seelischen Innerlichkeit nur den Anstoss geben. Anima est quodammodo omnia — sagt Thomas mit Aristoteles; ist sie dieses Omnia als lebendige Wirklichkeit, so müssen in ihr der Potenz nach die Ideen aller Dinge aufgehoben sein, und je nach Art und Grad der geistigen Berührung mit der gegenständlichen Aussenwelt sich in ihr auch thatsächlich actualisiren. Man kann sodann immerhin zugeben, dass die der irdischen Leiblichkeit eingesenkte Seele nicht jenen Standort einnehme, der sie befähigen würde, sich zu der ihr zeitlich übergeordneten überirdischen Wirklichkeit in dasselbe geistig active Verhältniss zu setzen, in welches sie schon ihrem Wesen nach zu der ihr untergeordneten irdischen Wirklichkeit gestellt ist; und insoferne hat allerdings Thomas das Recht zu sagen, dass die irdische Sinnenwelt das der menschlichen Seele specifisch appropriirte Object der Erkenntniss sei; es ist aber unzulässig und mit ihrer Geistnatur unverträglich, sie zur sinnlich-irdischen Wirklichkeit in jenes gebundene Verhältniss zu setzen, welches ihr Thomas durch die

---

[1] Una et eadem potentia, quae necessario differt ab actu intelligendi, dicitur *possibilis et passiva*, non passione objectiva sed subjectiva, in quantum est passibilis ad determinationem et conservationem actus, receptionem speciei vel habitus informationem; illa eadem inquantum habet vim per quam judicat, comparat et inquirit, considerat et similia exercet opera, dicit *agens*. Et si vis in his facere distinctionem, potius debent dici *duae vires vel virtutes unius potentiae*. Rer. princip. qu. 14, art. 2.

eigenartige Auffassung und Durchführung des Begriffes der Seele als substantieller Wesensform des Leibes gibt. Die Mängel in seinen Bestimmungen über Wesen und Functionen des Intellectus possibilis und agens sind einfach nur Consequenzen der noch unfreien und gebundenen Auffassung der Seele als Wesensform; wird die Seele als leibfreie actuose Form erkannt, die als absolute Form der sichtbaren Wirklichkeit alle Wesens- und Lebensformen derselben in höherer Einheit in sich aufgehoben trägt, so kann der Intellectus possibilis als solcher nur die Erregungsfähigkeit des Alles zu denken fähigen Seele bedeuten, der Intellectus agens wird sich zum Inbegriffe aller jener geistigen Functionen erweitern, mittelst deren die seelische Denknatur das explicite Verständniss der in ihren ideellen Apprehensionen geistig aufgegriffenen gegenständlichen Wirklichkeit auswirkt und gestaltet.

Duns Scotus schien durch Urgirung einer der intellectiven Seele subordinirten zweiten, secundären Substantialform des Menschenwesens ein freieres, vermittelteres Verhältniss der Seele zu dem ihr eignenden Leibe und der gegenständlichen sinnlichen Wirklichkeit anbahnen zu wollen, blieb aber an der unlebendigen und unfreien peripatetischen Auffassung des Begriffes der Substantialform haften, wie sich schon darin zeigt, dass er den Leib als Ort der Seele fasst, und das correlative entgegengesetzte Verhältniss auch nicht von ferne berührt. Er that eben von der im Thomismus ermittelten Bestimmung des Verhältnisses zwischen Leib und Seele hinweg den ersten Schritt zu jenem unvermittelten anthropologischen Dualismus hin, wie er später sich im Cartesianismus darstellte. Auf erkenntnisstheoretischem Gebiete reflectirte sich das Abgehen von der im Thomismus zum Ausdrucke gekommenen Idee einer plastischen Einheit des Menschenwesens im Verkennen des specifischen Charakters des menschlichen Erkennens, welches im Unterschiede vom Erkennen rein geistiger Wesen in der plastischen Ineinsbildung von Bild und Idee, sinnlicher und geistiger Anschauung sich auswirkt. Der imaginative Trieb der seelischen Denknatur liegt gänzlich ausser dem Bereiche der Beachtung des Duns Scotus; diess ist es, wodurch sich seine Anschauungsweise jener gegenüber, welche in Thomas' Denken sich ausprägte, als Intellectualismus charakterisirt, während umgekehrt bei Thomas das Vorwalten einer rein gegenständlichen Auffassung des Wirklichen, wie sie der Scholastik überhaupt eigen ist, das lebendige formgebende Princip des specifisch menschlichen Erkennens, die Macht des Idealgedankens gleichfalls nicht zu seinem vollen Rechte gelangen lässt. Wir haben hier auf der einen Seite Niederhaltung des speculativen Triebes durch die vorwiegende Macht eines empiristisch begrifflichen Denkens, auf der anderen Seite grundsätzliche Abweisung speculativen Denkens unter Steigerung der Ansprüche des metaphysisch-abstracten Denkens, beiderseits die Stützung der philosophischen Denkgewissheit auf ein demonstratives Denkverfahren, als dessen Unterlage die sinnlich-irdische Erfahrung genommen wird. Sucht Thomas in der Bewältigung der sinnlich-irdischen Erfahrungswelt durch den Gedanken des gestaltenden Formprincipes den Stützpunkt für die geistige Erhebung zur höheren übersinnlichen Wirklichkeit zu gewinnen, so gibt Duns Scotus diesen Stützpunkt mehr oder weniger bereits Preis, und glaubt ihn durch gesteigerte Schärfe des formalen Denkens ersetzen zu können, die jedoch in Ermangelung eines speculativen Gesichtspunktes eher zersetzend als begründend wirkt, und einem gewissen philosophischen Skepticismus Raum gibt. Wie er den in der Thomistischen Speculation allerdings ungenügend vermittelten Begriff der metaphysischen Einfachheit des menschlichen Seelenwesens ablehnt, so bestreitet er auch die stricte philosophische

Erweisbarkeit der Seelen-Unsterblichkeit,[1] die er zwar in der Gewissheit des gläubigen Denkens festhält, aber eben nur an diese geknüpft gelten lässt. Dass man auf den Aristotelischen Seelenbegriff gestützt, die Unsterblichkeit der Seele beweisen könne, gibt er nicht zu; und andere philosophische Beweise als solche, die auf den Aristotelischen Seelenbegriff gestützt wären, kennt er nicht. Aristoteles selber habe es im Ungewissen gelassen, wie er über diesen Punkt denke; einige Vordersätze seines Systems lassen einen Schluss auf die Unkörperlichkeit und Unsterblichkeit der Seele zu, aus anderen folgt das Gegentheil. Daraus ergebe sich wohl von selber, dass er sich über den Begriff des menschlichen Formprincipes nicht völlig klar war, und nicht wusste, was er zur Wesensform des Menschen rechnen solle, und was nicht;[2] und in Beziehung auf dasjenige, was ihm vom Wesen des Menschen als ζῶον oder Leibwesen abtrennbar schien, bedeute die Abtrennbarkeit oder Perpetuität nicht Anderes, als die Fähigkeit, ohne Vermittelung eines körperlichen Organs thätig zu sein,[3] ohne dass über die Substantialität des Abtrennbaren etwas ausgesagt werden sollte. Er fasste die seelischen Actionen strengstens als actiones conjuncti, d. i. als Thätigkeiten des aus Seele und Leib zusammengesetzten Menschen,[4] und kann gemäss den in seiner Metaphysik[5] vorgetragenen Lehren der Seele keine andere Subsistenz zuschreiben, als jene, welche sie als Form des Leibes im Zusammensein mit demselben hat. Den Schluss von der Incorruptibilität des Wirkens der Seele auf die Incorruptibilität des Seins derselben lässt Duns Scotus schon desshalb nicht gelten, weil Aristoteles keineswegs, wie man ihm unterlege, eine schlechthinnige Incorruptibilität des Wirkens der Seele lehre; er fasst vielmehr gerade an jener Stelle, auf welche man sich beruft,[6] das Intelligere als eine Actio conjuncti auf, die durch eine leibliche Schädigung des Menschen beeinträchtiget oder völlig suspendirt werden könne. Eben so wenig gibt Duns Scotus zu, dass das natürliche Begehren des Menschen nach

---

[1] Vgl. 4 dist. 43, qu. 2 (Opus Paris., im Unterschiede vom Opus Oxon. d. i. vom älteren Commentar des D. Sc. zu den Sentenzen so genannt).

[2] Duns Scotus spricht hier mit Beziehung auf die von Richard von Middleton allegirte Stelle Aristot. Anim. II, c. 2, p. 413: περὶ δὲ τοῦ νοῦ καὶ τῆς θεωρητικῆς, δυνάμεως; ..... ἔοικε ψυχῆς γένος ἕτερον εἶναι, καὶ τοῦτο μόνον ἐνδέχεται χωρίζεσθαι, καθάπερ τὸ ἀίδιον τοῦ φθαρτοῦ.

[3] Anima intellectiva dicitur incorruptibilis — sagt Duns Scotus mit Beziehung auf die in der vorigen Anmerkung angeführte Stelle — non quod sit simpliciter talis, sed quia non utitur organo corporali in operando, nec fatigatur virtus ejus in operando propter excellentiam intelligibilis.

[4] Duns Scotus citirt als Beleg hiefür den Ausspruch: Animam intelligere non est aliud, quam ipsam texere vel aedificare. Die bezügliche Stelle bei Aristoteles (Anim. I, p. 408 b, l. 11 ff.) lautet richtig: τὸ δὲ λέγειν ὀργίζεσθαι τὴν ψυχὴν ὅμοιον κἂν εἴ τις λέγοι τὴν ψυχὴν ὑφαίνειν ἢ οἰκοδομεῖν· βέλτιον γὰρ ἴσως μὴ λέγειν τὴν ψυχὴν ἐλεεῖν ἢ μανθάνειν ἢ διανοεῖσθαι, ἀλλὰ τὸν ἄνθρωπον τῇ ψυχῇ.

[5] Dicit Aristoteles Metaph. VII, Sext. 60, quod impossibile est in composito esse aliud Esse totius praeter Esse partium, nisi in forma totius quae est alia a forma partis. Probat autem ibi formam totius vel totum esse aliud a partibus, et conjunctim et divisim. Patet ibi de syllaba ab, quia tam materia quam forma sunt partes materiales tantum respectu formae totius (ibidem et V. Metaph.). Si igitur maneret anima post corpus, anima non esset forma nec pars, sed totum, quod ipse improbat ibi. Ideo credo, quod magis convenienter dixisset animam intellectivam esse corruptibilem, posito quod sit propria forma corporis et non totius. Die von Duns Scotus berücksichtigte Stelle findet sich Metaph. VII, c. 3 (p. 1043, l. 29 ff.), und besagt eigentlich nur, dass das Was eines Dinges in seiner unterscheidenden Wesensform bestehe. Thom. Aq. (Comm. in Metaph. lib. VIII (statt lib. VII) lect. 3) fasst die Stelle als eine Widerlegung der Platoniker auf, welche die Nennwörter (ὀνόματα) blos auf die Formen oder Species der Dinge, nicht aber auf deren concretisirte Darstellung in den Individuen bezogen wissen wollen.

[6] Siehe Aristot. Anim. I, c. 4 (p. 408. b. lin. 19 ff.): μάλιστα γὰρ ἐφθείρετ' ἂν ὑπὸ τῆς ἐν τῷ γήρᾳ ἀμαυρώσεως, νῦν δ' ἴσως, ὅπερ ἐπὶ τῶν αἰσθητηρίων συμβαίνει· εἰ γὰρ λάβοι ὁ πρεσβύτης ὄμμα τοιονδί, βλέποι ἂν ὥσπερ καὶ ὁ νέος. ὥστε τὸ γῆρας οὐ τῷ τὴν ψυχὴν τι πεπονθέναι, ἀλλ' ἐν ᾧ, καθάπερ ἐν μέθαις καὶ νόσοις. καὶ τὸ νοεῖν δὴ καὶ τὸ θεωρεῖν μαραίνεται ἄλλου τινὸς ἔσω φθειρομένου, αὐτὸ δὲ ἀπαθές ἐστιν· τὸ δὲ διανοεῖσθαι καὶ φιλεῖν ἢ μισεῖν οὐκ ἔστιν ἐκείνου πάθη, ἀλλὰ τουδὶ τοῦ ἔχοντος ἐκεῖνο, ᾗ ἐκεῖνο ἔχει. διὸ καὶ τούτου φθειρομένου οὔτε μνημονεύει οὔτε φιλεῖ· οὐ γὰρ ἐκείνου ἦν, ἀλλὰ τοῦ κοινοῦ, ὃ ἀπόλωλεν· ὁ δὲ νοῦς ἴσως θειότερόν τι καὶ ἀπαθές ἐστιν.

Seligkeit an sich oder auch nach der Meinung des Aristoteles einen Beweisgrund für die Seelen-Unsterblichkeit abgebe. Nicht an sich, weil erst unter Voraussetzung der Gewissheit oder wirklichen Erreichbarkeit eines zukünftigen seligen Seins das Begehren nach Glückseligkeit für ein in der Menschennatur als solcher gelegenes Begehren genommen werden könnte. Nicht nach Aristoteles; denn dieser erklärt ausdrücklich,[1] dass das natürliche Begehren nach dem Sein als dem Besseren sich nach dem Empfänglichkeitsgrade der verschiedenen Naturen bestimme, und bei den irdischen Lebewesen auf Erhaltung der Gattung sich beschränke. Thomas lehrt,[2] dass die Seele als eine durch sich selbst subsistirende Form unvergänglich sei. Duns Scotus spricht der menschlichen Seele ein per se subsistere ab, weil diess so viel hiesse, als das Sein von Niemand empfangen haben. Soll per se esse den Gegensatz zu accidentaliter esse ausdrücken, so ist nach Duns Scotus noch immer nicht die Fortdauer der Seele nach dem Tode des Leibes bewiesen. Allerdings ist sie keine Accidenz des leiblichen Seins; aber auch die Form des Feuers ist keine Accidenz der Materie desselben, und doch von dieser abhängig. Thomas sagt, das Esse liege im Begriffe der Seele als Form, sei also von ihr unabtrennbar; diess stimmt jedoch nicht zu der anderweitigen Behauptung der Schule, welche Thomas vertritt, indem diese an allem Geschaffenen das Esse als etwas Accidentales ansieht. Angenommen indess, was auch vollkommen richtig ist, dass Esse und Essenz nicht reell von einander verschieden seien, muss doch, wie ein Seinsanfang der geschöpflichen Essenz, auch ein Seinsende derselben gedacht werden können; wie dem Non esse als Terminus a quo ein Esse als Terminus ad quem entsprach, muss umgekehrt auch dem Esse als Terminus a quo ein Non esse als Terminus ad quem entsprechen können. Die Möglichkeit eines Aufhörens der Seinsdauer der Seele kann nicht durch die Wesensbeschaffenheit der Seele ausgeschlossen sein, weil sonst die Seele, nachdem sie einmal erschaffen ist, auch von Gott nicht mehr annihilirt werden könnte, während doch Thomas selber das Gegentheil behauptet.[3] Der Unterschied zwischen Duns Scotus und Thomas besteht also darin, dass letzterer ein Aufhören der Seele aus sich selber für unmöglich hält, während ersterer diess durch das Wesen der Seele als solches nicht für ausgeschlossen hält. Darin, dass Gott, wenn er wolle, sie aufhören lassen könne, sind Beide einig. Wenn nun aber dieses durch Gott zu bewirkende Aufhören nach Thomas im Unterlassen der Seinseinströmung besteht,[4] wie kann man da noch sagen, dass die Möglichkeit ihres Aufhörens nicht in ihrem selbsteigenen Wesen begründet sei, das doch an eine solche Seinseinströmung nach Thomas' selbsteigener Lehre absolut angewiesen ist? In diesem Punkte muss man also die Polemik des Duns Scotus für vollkommen zutreffend halten, und wir kommen hier auf die schon gemachte Bemerkung zurück, dass das speculative Element der Thomistischen Doctrin mit anderweitigen Elementen versetzt ist, welche die vollkommene Hervorbildung des speculativen Gedankens niederhalten. Das abstract metaphysische Element, welches bei Duns Scotus unbeschränkt dominirt, macht sich auch bei Thomas geltend, wenn ihm schon zufolge der speculativen Tendenz der Thomistischen

---

[1] Gen. animal. II, ab init.
[2] 1 qu. 85, art. 6.
[3] Vgl. Thom. Aq. 1 qu. 75, art. 2: Sicut posse creari dicitur aliquid non per potentiam passivam, sed solum per potentiam activam creatoris, qui ex nihilo potest aliquid producere, ita cum dicitur aliquid vertibile in nihil, non importatur in creatura potentia ad non esse, sed in creatore potentia ad hoc, quod esse non influat. Dicitur autem aliquid corruptibile per hoc quod inest ei potentia ad non esse.
[4] Vgl. vorige Anmerkung.

Doctrin nicht so viel Raum wie bei Duns Scotus gelassen ist; aber der speculative Gedanke ist nicht so mächtig entwickelt, dass er jenes abstract metaphysische Element in sich aufhöbe und damit in ein wahrhaft philosophisches Denken umsetzte; und er vermag diess nicht, weil er selber durch das in die Thomistische Doctrin als Grundbestandtheil aufgenommene realistisch-empiristische Element des Aristotelismus niedergehalten ist. In Bezug auf die Unsterblichkeitsfrage macht sich jenes abstract-metaphysische Gedankenelement der Thomistischen Doctrin als abstracte Möglichkeit des Vergehens der ihrer Idee nach unvergänglichen Menschenseele geltend. Der Umstand, dass diese abstracte Möglichkeit niemals in Wirklichkeit übergehen kann, schliesst die Aufforderung ihrer Elimination und Umsetzung in einen wahrhaft speculativen Gedanken in sich, der kein anderer als der des absoluten Getragenseins aller geschöpflichen Realität durch die perennirende Actuosität der schöpferischen göttlichen Causalität sein kann. Der Gedanke an eine Intermittirung dieser perennirenden Actuosität hebt sich als eine Contradictio in adjecto durch sich selbst auf, so wie es andererseits undenkbar ist, dass die menschliche Seele als wesenhaftes Abbild des ewigen unvergänglichen Gottes eine vergängliche Wesenheit sein sollte.

In der Thomistischen Speculation ringen ein speculatives und empiristisch-realistisches Element mit einander; bei Duns Scotus, welcher das speculative Element hinwegfallen lässt, emancipirt sich das empiristisch-realistische Element, und neben demselben auch jenes metaphysisch-abstracte Denken, welches sich mit Vorliebe in den Modalitätskategorien des Möglichen und Nothwendigen ergeht, und das Wirkliche nur insoweit, als es entweder durch die unmittelbare Erfahrung gegeben oder durch Demonstration erreichbar ist, gelten lässt. Das empiristisch-realistische Element bekundet sich auf dem Gebiete der Anthropologie in der Auslegung, welche Duns Scotus der aristotelischen Lehre von den Constituenten des Menschenwesens gibt. Er macht diese seine Auslegung auch in der Unsterblichkeitsfrage geltend, indem er gegen Thomas urgirt, dass das Sein der Seele nicht als Esse totius, d. i. des gesammten Menschenwesens, gefasst werden dürfe,[1] und demzufolge ein etwaiges Aufhören des Seins der vom Leibe getrennten Seele nicht als eine Trennung des Seins von sich selber genommen werden könne.[2] Der Sinn dieser kritischen Bemängelung des Thomistischen Argumentes für die Seelen-Unsterblichkeit ist kein anderer als dieser, dass dem im Thomismus ungenügend vermittelten speculativen Gedanken von der Wesenseinheit des Menschen eine empiristisch-dualistische Auffassung des Menschenwesens entgegengestellt wird, in welcher aber überdiess in weiterer Folge der antike Naturalismus der aristotelischen Weltanschauung, welchen die speculative Scholastik durch ihre Lehre von den per se subsistirenden Formen überwunden zu haben glauben durfte, mittelbar in die Seelenlehre selber hineingetragen wurde.[3] Wir erkennen hier die auf dem Gebiete der Seelenlehre und Pneumatologie sich aufschliessenden

---

[1] Dico quod assumit falsum, cum dicit, quod Esse animae est Esse totius, quia tunc sola specifica differentia hominis complete definiret hominem et perfecte indicaret quid est, quod est falsum et contra philosophum. 4 dist. 43, qu. 2. — Vgl. Seite 20 Anmerkung 5.

[2] Vgl. Thom. Aq. I qu. 75, art. 6: Materia secundum hoc acquirit esse in actu, quod acquirit formam; secundum hoc autem accidit in ea corruptio, quod separatur forma ab ea. Impossibile est autem, quod forma separetur a seipsa; unde impossibile est, quod forma subsistens desinat esse.

[3] Anima potest corrumpi per se, sicut generari per se, quia, cujus totum per se et primo generatur et corrumpitur, ejus partes per se generantur et corrumpuntur, etsi non primo. 4 dist. 43, qu. 2 (Op. Paris).

Consequenzen der scotistischen Lehre von der Zusammensetzung alles Geschaffenen aus Materie und Form in der von Duns Scotus ihr gegebenen Auffassung und Deutung. In Folge seiner Ablehnung des speculativen Formbegriffes ist Duns Scotus als Metaphysiker auf das Gebiet einer abstracten Ontologie verwiesen, deren Inhalt der Gedanke des Seins und seiner Determinationen ausmacht. Der Gedanke des göttlichen Seins fällt ihm mit jenem eines höchsten unendlichen Seins zusammen; das geschöpfliche Sein ist das determinirte und hiedurch verendlichte Sein. Demzufolge ist das unendliche Sein die denknothwendige Voraussetzung des endlichen Seins, obschon die erfahrungsmässige Realität des letzteren unserem menschlichen Denken den Stützpunkt zur demonstrativen Erweisung des ersteren abgeben muss.[1] Dass sich der Begriff der göttlichen Unendlichkeit aus jenem der absoluten Immaterialität oder maxima forma ergäbe, wird von Duns Scotus gegen Thomas bestimmtest in Abrede gestellt; der Begriff der Form ist ihm ein relativer Begriff, der jenen der Materie zu seinem Correlate hat,[2] so dass dort, wo keine Materie ist, auch von keiner Form die Rede sein kann. Von Gott als absoluter Form der Dinge oder Urform des Geschaffenen sprechen, hätte also für Duns Scotus schlechtweg keinen Sinn; für ihn hat Gott in rein rationaler Beziehung nur die Bedeutung des absoluten Wirkungs- und Möglichkeitsgrundes der Dinge, deren Sein und Sosein durch den göttlichen Willen bestimmt ist. Allerdings ist das Zurücktreten des Willens hinter das Erkennen in der Thomistischen Speculation ein Mangel, der indess nur so viel bekundet, dass der Gedanke der reinen oder in sich selber subsistirenden Form noch weiter vertieft, und die Idee der absoluten Form in jene des absoluten Geistes umgesetzt werden müsse, der das absolute Sein in absoluter Selbstigkeit ist, und demzufolge alles Andere ausser ihm als souveräne Selbstmacht bestimmt; von dieser versteht es sich aber, dass sie als absolute Geistigkeit zugleich die absolute Denkhaftigkeit ist, daher sie allüberall nur als denkhafter Vernunftwille wirken kann. Duns Scotus vermag die Denkhaftigkeit des absoluten Seins nur mittelbar und auf aposteriorischem Wege zu erreichen,[3] und verwirft jeden Versuch einer Ableitung der Denkhaftigkeit des göttlichen Seins aus dem Wesensgedanken desselben. Natürlich;- aus dem Gedanken des unendlichen Seins als solchen ergibt sich nicht unmittelbar auch schon die Intellectualität desselben, sondern, sofern es als erstes und oberstes gedacht wird, die von Duns Scotus daraus abgeleitete unendliche Wirkungsmacht desselben, welche aber, wie Duns Scotus weiterhin ganz richtig bemerkt,[4] nicht mit der durch blosses Vernunftdenken nicht streng erweisbaren Allmacht verwechselt werden dürfe. Um diese, d. h. die absolute Wirkungsmacht Gottes, zu erweisen, ist die Idee des absoluten Geistes als des in sich absolut gesammelten Seins vorauszusetzen, also eine Idee. von welcher Duns Scotus zufolge seines Widerstrebens gegen den Gedanken einer

---

[1] 1 dist. 2, qu. 1—3.
[2] Creatura dicitur aliquid intrinsecum habere, vel sicut totum habet partem sui, vel sicut materia habet formam. In Deo non est pars et totum, sicut nec materia et forma. Igitur quod habetur intrinsece a Deo, non est forma sua, nec materia, nec pars, et tamen intrinsece habetur; igitur est ipsemet. 1 dist. 8, qu. 4 (Op. Paris).
[3] A posteriori potest tantum probari, Deum esse intelligentem et intelligere; et quod ita est, ostendunt necessario effectus in universo, qui sunt ab eo mediate vel immediate. Et non potest a priori probari, quia, sicut homo vel humanitas est prima ratio constitutiva hominis vel entitatis specificae talis, nec potest ostendi sibi inesse per aliquem conceptum sibi immediatiorem vel priorem, quia tunc non esset prima ratio constitutiva ejus ..... ita etiam, quod intellectualitas sit prima ratio entis intelligibilis constitnens ipsum in esse tali, et nihil exigat re prius essentialiter ea, quo hoc posset de eo ostendi. 1 dist. 35, qu. 1, art. 1 (Op. Paris).
[4] 1 dist. 42, qu. unic. (Op. Paris).

absoluten Form am allerweitesten entfernt ist. Für ihn ist Gott an sich genommen eben nur der Allmöglichkeitsgrund der Dinge; die Entscheidung aber über das, was als möglich oder unmöglich zu gelten hat, steht ihm unabhängig von dem Begriffe des göttlichen allwirkenden Seins fest. Um diesen Dualismus zwischen Theologie und Ontologie zu überbrücken, wäre es nothwendig, Gott als die absolute Wirklichkeit zu denken, durch die schon ihrer Idee nach jede andere Art von Wirklichkeit bestimmt ist, so dass ein Sein, welches unter diese Bestimmtheit nicht fiele, auch nicht einmal denkmöglich ist, während umgekehrt die Activität der absoluten Actualität demjenigen, was diese actuirt, die Nothwendigkeit zu sein auferlegt. Der Gedanke der absoluten Wirklichkeit fällt mit jenem der absoluten Form der Dinge zusammen, und die Wesensformen derselben sind eben nur als die Reflexe ihrer absoluten Form im göttlichen Sein anzusehen. Der Begriff Gottes als der absoluten Wirklichkeit ist einfach nur eine Weiterbestimmung des Begriffes von Gott als absoluter Form oder Urform der Dinge, die schliesslich, wie schon bemerkt, im Begriffe des absoluten Geistes sich aufheben muss, in Folge dessen sodann die den Wesensformen der Dinge entsprechenden Wesensgedanken derselben als freischöpferische Conceptionen des göttlichen Denkens erscheinen, die durch die Energie der göttlichen Wirkungsmacht ins lebendige Dasein der mundanen Wirklichkeit übersetzt werden.

Beide, Thomas und Duns Scotus, sind zufolge des ihnen Beiden gemeinsamen christlichen Gottesbegriffes darin einverstanden, dass Gott unendlich viele Dinge denkt und erkennt, die er nicht in die Wirklichkeit setzt, und dass ihm in der Wahl dessen, was aus den unendlich vielen Möglichkeiten wirklich werden soll, eine unbegränzte Freiheit gelassen sei. Diese Auffassungsweise ist wohl nur eine theologische Umschreibung der Idee der absoluten göttlichen Actualität, die sich in keiner ihrer Hervorbringungen je zu erschöpfen vermag, und eben desshalb ihr absolutes Leben nur in sich selbst haben kann, während sie nach Aussen sich zu einer bestimmten Art des Wirkens determiniren muss, durch welche die daneben noch möglichen unendlich vielen anderen Arten der Selbstdetermination der göttlichen Actualität ausgeschlossen sind. Duns Scotus gibt diesem Gedanken durch seine Unterscheidung zwischen dem absoluten und geordneten Willen Gottes Ausdruck; der geordnete Wille bedeutet die Selbstdetermination des an sich ungebundenen göttlichen Willens im Wirken nach Aussen. Die Aufsuchung eines Grundes für die thatsächliche Fassung und Gestaltung des geordneten Willens muss Duns Scotus ablehnen; der souveräne göttliche Wille trägt den Grund seiner bestimmten Determination ausschliesslich in sich, er ist sich selber der absolute Grund seiner Determination. Duns Scotus bleibt also dabei stehen, die Schöpfung als ein Werk der absoluten göttlichen Freiheit zu verstehen, angesichts welcher jede Frage nach einem inneren Grunde der thatsächlich gegebenen Weltbeschaffenheit zu verstummen hat. Diese durch und durch unspeculative und antispeculative Weltauffassung, welche nach einer inneren Wahrheit und Nothwendigkeit des göttlichen Weltgedankens zu fragen verbietet, legt die Consequenzen bloss, welche sich aus der von Duns Scotus festgehaltenen Grundidee vom göttlichen Sein als unendlichem Allmöglichkeitsgrunde der Dinge ergeben. Bei Thomas werden solche Consequenzen dadurch abgehalten, dass er am Begriffe des göttlichen Seins als absoluter Form der Dinge festhält; diese Auffassung involvirt die Nothwendigkeit, in den Wesensformen der geschöpflichen Wirklichkeit Nachahmungen und Nachbildungen der göttlichen Wesenheit zu erkennen, in welchen die Wahrheit und Wirklichkeit des geschöpflichen Seins begründet ist, so zwar, dass sich Wahrheit und Wirklichkeit des geschöpflichen Seins nach Art und Grad des Ausdruckes der absoluten Form in demselben bestimmt. Bei Duns Scotus trennt sich die Frage nach der Wahrheit des Seins von jener nach der Wirklichkeit desselben völlig ab: er fragt überhaupt nicht nach dem inneren Wahrsein der Dinge, sondern bloss nach den näheren und entfernteren Wirklichkeitsgründen derselben, deren letzten und höchsten er selbstverständlich im absoluten allbedingenden göttlichen Sein erkennt.

Die Opposition des Duns Scotus wider die Thomistische Speculation nimmt ihren Ausgang von seiner Bestreitung des Thomistischen Begriffes der Materie, deren Auffassung als passiver Seinsmöglichkeit der sichtbaren Dinge den Untergrund der Thomistischen Weltlehre abgibt. An das Nichts angränzend — lehrt Thomas — entbehrt die Materie für sich selber des Wirklichseins, das überhaupt nicht ihr, sondern bloss den aus ihr gebildeten Dingen zukommt, und durch die ihr aufgedrückten Wesensformen gewirkt wird. Wie diese das Ding möglich machen, so machen sie es auch verstehbar: in der gestaltenden Form drückt sich der Gedanke oder die Idee des Dinges aus, die vom menschlichen Intellecte aus der sinnlichen Erscheinung des Dinges hervorgezogen wird. Die im menschlichen Intellecte aufleuchtende Idee des Sinnendinges ist ein Wiederschein des göttlichen Gedankens von jenem Dinge, das sonach sein urhaftes Sein im göttlichen Gedanken, oder da Gottes Denken mit Wesen und Sein Gottes zusammenfällt, in Gottes Sein und Wesen hat. Gott ist somit seinem Wesen nach die Urform jedes aus der Materie herausgebildeten Sinnendinges, und dieses besitzt seine Wahrheit und seine Wirklichkeit in der den göttlichen Gedanken desselben ausdrückenden und verwirklichenden Form, die aber um so schwächer ist, je tiefer sie in die Materie versenkt ist und je unfreier sie demzufolge an dieser haftet. Je schwächer die Form ist, desto weniger hat das durch sie gestaltete Ding an der Wahrheit und Wirklichkeit des Seins Antheil. Die reine Materie an sich als die absolute Formlosigkeit entbehrt mit dem Wirklichsein des Wahrseins völlig, und ist demzufolge nach ihrem reinen Ansichsein nicht einmal für Gott selber denkbar, weil der Gedanke von ihr als einem an sich wirklich Scienden ein unwahrer Gedanke, nämlich der Gedanke einer Gott widerstrebenden Absolutheit wäre. Die Materie als die blosse Möglichkeit des Seins bedeutet im Bereiche des Scienden den äussersten Gegenpol des göttlichen Seins, welches als die absolute Form alles Scienden die absolute Wahrheit und absolute Wirklichkeit der Dinge, und demzufolge auch das absolute Mass der Wahrheit und Wirklichkeit aller geschöpflichen Dinge ist. Diese bilden, von der irdischen Stoffwelt als Unterstem angefangen, eine aufwärts steigende Reihe concreter Existenzen in fortschreitender Annäherung an die im göttlichen Sein urhaft gegebene Wahrheit und Wirklichkeit des Seins; der den geschöpflichen Existenzen erreichbare Hochgrad der Annäherung wird in den von der Materie unabhängig subsistirenden Formen erreicht, zunächst in den Menschenseelen, weiter sodann in den leiblosen Engelwesen, die von den, die Menschenseele einschränkenden Wesensbeziehungen zur sinnlichen Stoffwelt losgelöst, und eben damit Gott am nächsten gerückt sind.

In dieser durchwegs auf den Gedanken des Formprincipes gestellten Anschauung ist unzweifelhaft ein speculativer Gedanke ausgedrückt, nämlich jener einer Repräsentation der göttlichen Vollkommenheit im Weltganzen nach allen Arten und Graden ihrer geschöpflichen Darstellbarkeit. Eben so unzweifelhaft liegt hier weiter eine dem speculativen Gehalte dieser Weltanschauung congruirende Erkenntnisstheorie vor, die darauf abzweckt, den Inhalt der speculativen Weltanschauung in den ihm adäquaten Formen zu fassen. Andererseits aber lässt sich nicht verkennen, dass die rationelle Erweisbarkeit der ganzen Denkanschauung auf den ihr zu Grunde liegenden Begriff der Materie gestützt ist, dass ferner die speculative Anschauung an den Begriffen der die göttliche Urform nachahmenden kosmischen Existenzen als solcher haften bleibt, ohne zu einem die Gesammtheit derselben innerlich verknüpfenden speculativen Centralgedanken vorzudringen, dessen ideelle Wahrheit den von Thomas erfassten speculativen Weltgedanken von seinem immerhin bestreitbaren Stoffbegriffe unabhängig sicher zu stellen geeignet wäre; dass endlich das ganze ideelle Weltverständniss, wie es Thomas zu erschliessen versucht, doch nur ein beziehungsweises ist, indem uns eigentlich nur gesagt wird, was die Dinge im Verhältniss zu Gott sind, während uns ihr inneres Wesen durch die aus der aristotelischen Philosophie entlehnten generalisirenden Hilfsbegriffe: Materie und Form, durchaus nicht in die anschauliche Nähe concreter Lebendigkeit gebracht wird. Der Denkschärfe des Duns Scotus darf das Lob nicht vorenthalten werden, alle diese Mängel der Thomistischen Speculation richtig herausgefühlt und eine Kritik derselben geliefert zu haben, die sich bleibend an sie geheftet hat, und deren Wahrheitsrecht erst im Lichte des neuzeitlichen speculativen Theismus vollkommen zu Tage tritt. Die scotistische Kritik des Thomismus war die durch den geschichtlichen Fortschritt geforderte Antithese desselben, in welcher sich auf historisch-objective Weise die Nothwendigkeit einer läuternden Umbildung und tieferen Selbstfassung der Thomistischen Speculation aussprach. Diese Umbildung und Vertiefung involvirte freilich ein völliges Abgehen von den peripatetischen Unterlagen jener Speculation und die Gewinnung eines neuen höheren Denkstandpunktes, wie er selbst in der nachscholastischen Philosophie erst nach einem mehrhundertjährigen Entwickelungsprocesse in den Anschauungen eines neuzeitlichen speculativen Vernunftdenkens gewonnen wurde. Dieses ferne Zukunftsziel lag ausser dem Gesichtskreise des Duns Scotus; selbst das seinem Zeitalter geschichtlich näher gerückte Ziel philosophischer Denkentwickelung, welches im speculativen Individualismus des Nicolaus von Cusa sich verwirklichte, war auf dem von Duns Scotus eingenommenen Standpunkte noch nicht abzusehen, obwohl sein Denken demselben gleichsam unbewusst zuneigte, und der Richtung des allgemeinen Zeitdenkens auf dasselbe unwillkürlich Zeugniss gab. Zunächst und unmittelbar war jedoch seine Thätigkeit eine bloss kritische; zu einem selbsteigenen speculativen Verfahren durchaus nicht disponirt war er nur dazu angethan, den durch Thomas ausgeführten Bau aus seinen Fugen zu rücken, und bis auf einen gewissen Grad Stück um Stück von demselben abzutragen; ja er glaubte sogar einen ganz anderen Bauplan angeben zu müssen. Theologisches und philosophisches Denken sollten schärfer auseinandergerückt, die Attributionen beider erweitert werden; diese Forderung liess sich indess nur hiedurch ausführen, dass unter Steigerung der formalen Ansprüche und Befugnisse des philosophischen Denkens die sachlichen Einblicke desselben auf einen enger gezogenen Kreis von Objecten beschränkt, somit das congruente Verhältniss zwischen Denken und Erkennen verschoben wurde.

Mit Recht bemängelt Duns Scotus[1] die Thomistische Behauptung, dass die Wesensformen der sinnlichen Erscheinungswelt das dem Intellecte des Zeitmenschen adäquate

---

[1] 1 dist. 3, qu. 3.

Object wären. Wenn er dagegen das Seiende als solches als objectum primum des menschlichen Intellectes erklärt, so substituirt er dem durch Thomas assignirten concreten Objecte ein rein abstractes, durch dessen allumfassenden Umfang der geistige Horizont des zeitlichen Menschenintellectes unermesslich erweitert erscheint, während er hinsichtlich der Erkenntniss des Sachlichen nur um so mehr eingeschränkt wird. Denn eine in das innere Wesen der Dinge dringende Erkenntniss wird von Duns Scotus dem zeitlichen Erdenmenschen schlechthin abgesprochen;[1] wir können das Wesen der Dinge nur ratiocinativ durch Schlüsse von der Ursache auf die Wirkung und anderweitige Verhältnissbestimmungen gewinnen. So bleibt also nur eine auf empiristischem Grunde stehende abstracte Vernunfterkenntniss übrig, die ihren Halt letztlich in der von Duns Scotus anerkannten objectiven Wahrheit der Allgemeinbegriffe hat. In Folge dessen muss nämlich auch der Begriff der Wesensform und die Lehre von einer aufwärts steigenden Reihe von Wesensformen für ihn objective Wahrheit haben; nur dass ihm der Begriff der Form unlöslich an jenen der Materie geknüpft erscheint, und demzufolge das immaterielle göttliche Sein in eine formlose, d. i. geistig unfassbare Unendlichkeit auseinandergeht, während ihm umgekehrt der Begriff der reinen Materie, die für Thomas die Bedeutung der formlosen und darum geistig unfassbaren Unendlichkeit hat, in jenen des contractesten endlichen Seins umschlägt, das aber wirkliches und daher auch geistig fassbares Sein ist, und als Seiendes mit dem göttlichen Sein unter Eine Kategorie fällt. Denn das Sein wird von allem Seienden univoce ausgesagt;[2] demzufolge besagt das Sein von Gott prädicirt nicht mehr und nichts anderes, als wenn es von der Materie ausgesagt wird, deren Sein die denknothwendige Voraussetzung des Seins der Form ist.[3] Aus der denknothwendigen Priorität der Materie erklärt sich die Nothwendigkeit, zur Gewinnung einer philosophischen Realerkenntniss vom Untersten auszugehen, also die gesammte philosophische Kosmologie auf eine empiristische Grundlage zu stellen, die aber eben nur für die Erklärung der sichtbaren Welt ausreicht; die Nöthigung, über diese hinauszugehen, liegt im denknothwendigen Begriffe des unendlichen Seins, so wie in der durch denknothwendige Schlüsse erprobten Immaterialität der endlichen Menschenseele, welche zufolge ihres denknothwendigen Unterschiedes vom unendlichen göttlichen Sein zur Annahme der Materia primo-prima nöthiget, und hiemit auch die durch den christlichen Glauben bezeugte Existenz leibloser Geistwesen denkmöglich macht. Während wir das Sein und Wesen dieser aus ihrer Analogie mit dem Sein und Wesen der unter denselben Artbegriff fallenden Menschenseele begreifen, sind wir in Bezug auf die Wesensbestimmungen des unendlichen göttlichen Seins auf dasjenige angewiesen, was sich uns via causalitatis et eminentiae als denknothwendige Attribution des göttlichen Seins ergibt. Trotzdem, dass wir Gott zu denken genöthiget sind, ist doch unsere Erkenntniss vom wirklichen Wesen Gottes durchwegs nur eine aposteriorische und aus Relationsbeziehungen geschöpfte Erkenntniss.

Wie sollen wir uns diese so geflissentliche Herabdrückung des Werthes unserer zeitlichen Gotteserkenntniss erklären, und worin differirt bezüglich dieses Punktes die

---

[1] Sicut non concipimus entia perfectissima, nisi per effectus et per habitudinem ad efficiens, ita nec etiam diminuta, nisi per entia perfectiora et per sensibilia. Et ideo materiam non cognoscimus nisi per habitudinem ad formam, quia transmutatur ab una forma ad aliam, et hoc propter imperfectionem intellectus nostri in via, qui non intelligit, nisi per sensibilia. 1 dist. 36, qu. 4 (Op. Paris.).

[2] 1 dist. 3, qu. 3.

[3] Materia, licet sub forma ignis et aquae, tamen essentialiter et secundum se est prior utraque forma. 4 dist. 11, qu. 3 (Op. Paris.).

scotistische Anschauung von der thomistischen? Offenbar durch ihren antispeculativen Charakter; und daraus erklärt sich auch, wie Thomas trotzdem, dass er mit Duns Scotus über die Gewinnung unserer realen Gotteserkenntniss gleiche Grundsätze vorträgt, d. h. das aposteriorische Moment und den Relationscharakter unserer Aussagen über Gott eben so sehr als Duns Scotus betont, die menschliche Gotteserkenntniss höher stellen und ihr einen theoretischen Werth zuschreiben könne, der ihr von Duns Scotus abgesprochen wird. Der von Thomas zugestandene wesenhafte Inhalt unseres Gottesbegriffes besteht in seiner Auffassung Gottes als absoluter Form und causaler Urform der Dinge, womit unter Einem die von Duns Scotus behauptete und urgirte Univocität des göttlichen Seins mit dem creatürlichen[1] entschiedenst, und zwar mit Recht abgelehnt ist,[2] da der absoluten Wesentlichkeit das Sein in ganz anderer Weise zukommen muss, als denjenigen Wesenheiten, deren Begriff nicht auch schon ihr Sein und Wirklichsein involvirt. Der von Thomas der absoluten Wirklichkeit in der reinen Materie gegenübergestellte Gegenpol schliesst das Wirklichsein sogar aus. Nur konnte sich Thomas nicht entschliessen, den Begriff Gottes als der absoluten Wirklichkeit in seiner unmittelbaren Wahrheit und Denknothwendigkeit anzuerkennen, und bildete ihn auch nur insoweit durch, als er ihm als denknothwendige Voraussetzung aller geschöpflichen Wirklichkeiten nothwendig war; und dieser Mangel wurde von dem scharfsichtigen Duns Scotus so sicher und treffend herausgefühlt, dass er ihm eine wichtigste Hauptinstanz für seine Bestreitung der thomistischen Doctrin darbot. Thomas muss nämlich im Einklange mit seiner Anschauung von Gott als absoluter Form die göttlichen Ideen oder Wesensgedanken auf die seine Wesenheit nachbildenden Wesensformen beschränken,[3] mit Ausschluss der Materie, der Genera, der Accidenzen und der Individuen. Wenn irgend ein Lehrpunkt der Thomistischen Doctrin, so ist es sicher dieser, der die unklare Fusion von Begriff und Idee, und die Niederhaltung des Idealgedankens durch das begriffliche Denken ins hellste Licht stellt; und es war daher auch vollkommen in der Ordnung, dass Duns Scotus diese durchaus unzulängliche Auffassung der göttlichen Ideen zu durchbrechen bemüht war,[4] obschon wir nicht zugeben können, dass er einen richtigeren oder adäquateren Begriff der göttlichen Idee aufgestellt hätte. Im Gegentheil weist seine Auffassung derselben[5] auf seinen formlosen Begriff von der unendlichen göttlichen Wesenheit hin, die sich demzufolge auch nicht zur Schauung einer kosmischen Centralidee zusammenzufassen vermag, in welcher Gott das relative geschöpfliche Gegenbild seiner selbst seit ewig denkend aus sich reproducirt. Hat es bereits Thomas nicht zur vollkommenen Concentration der Elemente seiner Gottesidee, und demzufolge auch nicht zur Ableitung eines centralen Weltgedankens aus der in ihrer centralen Tiefe gefassten Gottesidee gebracht, so diffundirt sich die scotistische Vorstellung vom göttlichen Denken der Weltdinge in ein Allmöglichkeitsdenken, welches einzig durch den absoluten göttlichen Willen zu einer

---

[1] Deus non est a nobis cognoscibilis naturaliter — heisst es bei Duns Scotus 1 dist. 3, qu. 3 — nisi ens sit univocum creato et increato.
[2] Impossibile est — sagt Thomas 1. qu. 13, art. 5 — aliquid praedicare de Deo et creaturis univoce, quia omnis effectus non adaequans virtutem causae agentis recipit similitudinem agentis non secundum eandem rationem sed deficienter, ita ut, quod divisim et multipliciter est in effectibus, in causa sit simpliciter et eodem modo.
[3] 1. qu. 15, art. 3.
[4] 1 dist. 36, qu. 4 (Op Paris.).
[5] Idea est objectum ut cognitum in mente divina ..... Dicendum est cum antiquo doctore Bonaventura, quod in Deo sunt infinitae ideae. 1. dist. 36, qu. 2 u. qu. 2 (Op. Paris.).

bestimmten Conception des in Wirklichkeit Seinsollenden determinirt wird. Nicht ohne relative Berechtigung erklärt sich Duns Scotus gegen die Thomistische Unterscheidung zwischen speculativen und praktischen Ideen, deren letztere die Musterbilder des Wirklichen, die ersteren die göttlichen Gedanken dessen, was nie wirklich wird, bedeuten sollen.[1] Er übersieht jedoch, dass die göttliche Weltidee als Idee einen denknothwendigen Inhalt haben müsse, der, den göttlichen Schaffenswillen vorausgesetzt, in der Schöpfung nothwendig zum Ausdruck kommen muss; und dass in Bezug auf jenen denknothwendigen Inhalt der Idee das göttliche Denken nicht durch den göttlichen Willen, sondern einzig nur durch sich selber determinirt sein könne, oder vielmehr jenem denknothwendigen Inhalte der göttliche Wille absolut immanent sei, und in demselben die rationale Form seiner unbeschränkten Freiheit und Wirkungsmacht habe. Der göttliche Schöpfungsgedanke muss unbeschadet der unbegränzten Freiheit seiner concreten Gestaltung auf etwas abzwecken, worin sich der absolute Zusammenschluss des Geschaffenen mit dem göttlichen Urgrunde vollzieht, und muss demnach auch in der Conception seines Inhaltes auf die Verwirklichung dieses Abschlusses angelegt sein. Wenn nun bereits bei Thomas die Idee einer gradweise abwärts steigenden Repräsentation der göttlichen Herrlichkeit in der Schöpfung die Reflexion auf eine centrale Mitte, innerhalb welcher sich der absolute Rückschluss zu vollziehen hat, zurückdrängte, und den Menschen nur als ein mittleres Glied der abwärts steigenden Reihe erscheinen liess, so ist Duns Scotus zufolge seiner dualistischen Auffassung des Menschen noch weiter davon entfernt, im Menschen die centrale Mitte der Dinge zu sehen; im Gegentheil reflectirt sich in seiner Anthropologie der von ihm statuirte und in keiner höheren Idee vermittelte Dualismus von Geister- und Körperwelt. Gleichwohl ist es in seiner Art bedeutsam, wie er das in Christus über sich selbst erhobene Menschliche zum göttlichen Sein und Wesen in nächste Beziehung bringt, so dass man wohl anzunehmen berechtiget ist, er habe den in der rationalen Kosmologie nicht aufgefundenen centralen Abschluss der Schöpfung in die Christologie verlegt, wie er denn in der That diese mit seiner Lehre vom höchsten Weltzweck in eine vom christlichen Erlösungsglauben unabhängige Verbindung bringt,[2] jedoch so, dass hiebei, eben in Folge des dualistischen Charakters seiner Kosmologie, nur die moralische Weltvollendung berücksichtiget erscheint.[3]

Die Polemik des Duns Scotus gegen die Thomistische Ideenlehre steht ganz im Einklange mit seinen ontologisch-metaphysischen Grundanschauungen, und ist ein treuer Reflex des empiristischen Realismus derselben. Sie geht darauf hinaus, zu zeigen, dass in Gott ein distincter Gedanke aller logischen und ontologischen Constituenten der göttlichen Wesenheit vorhanden sein müsse, also ausser dem Gedanken der Form, welcher das Ding zu dem macht, was es ist, auch ein distincter Gedanke der Materie, aus der das Ding geformt ist, ein distincter Gedanke des Genus, unter welches das Ding zufolge

---

[1] Si idea ante actum voluntatis respiceret differentur possibilia, nunm ut fiendum, alterum ut non fiendum, igitur si intellectus ejus sic ostenderet voluntati, aut voluntas non posset nolle illud fieri et sic non esset libera; vel si posset nolle illud fieri, posset etiam esse non recta, quia faceret contra rectam rationem dictantem, hoc esse fiendum. Igitur penes possibile futurum et non futurum non accipitur distinctio practica et non practica. 1. dist. 36, qu. 4 (Op. Paris.).

[2] Dico, quod lapsus non fuit causa praedestinationis Christi, imo si nec fuisset angelus lapsus, nec homo, adhuc fuisset Christus sic praedestinatus; imo et si non fuissent creandi alii quam solus Christus. 3. dist. 7, qu. 4 (Op. Paris.).

[3] Dico igitur sic: Primo Deus diligit se; secundo diligit se in aliis, et iste amor est castus; tertio vult se diligi ab alio, qui potest eum summe diligere, loquendo de amore alicujus extrinseci; et quarto praevidit unionem illius naturae, quae debet cum summe diligere, etsi nullus cecidisset. L. c.

des in seiner Form ausgeprägten Artcharakters gehört, ein distinctes Denken der inseparablen Accidenzen des geformten Dinges, ein distinctes Denken der Individuen, in welchen der Artbegriff des Dinges ausgedrückt ist. Das heisst mit anderen Worten, das von Thomas unzulänglich und unvollkommen erfasste Wesen der Idee soll ganz und gar auf das rein begriffliche Denken reducirt werden. An die Stelle der Thomistischen Essentia tritt das scotistische Ens, dessen geistiger Gedanke nicht, wie Thomas in Bezug auf die sinnefälligen Objecte will, aus seiner sinnlich individualisirten Erscheinung hervorgezogen, sondern unmittelbar im Contacte mit dem erscheinenden Objecte apprehendirt wird, und weiter sodann in der Auseinanderlegung und Zusammenfassung der ontologisch-logischen Determinationen des bestimmten Ens sich verdeutlichet. Dieses letztere, den auf die Gewinnung der intentio secunda abzielenden logischen Process, fasst Thomas in gleicher Weise wie Duns Scotus auf; der Unterschied liegt nur darin, dass bei Thomas dieser Vorgang als geistige Nachbildung der Wesensgestaltung des appercipirten Objectes, bei Duns Scotus als eine Verdeutlichung der das appercipirte bestimmte Sein beschränkenden Determinationen erscheint. Da nun diese Determinationen das Ding zu dem machen, was es ist, so ist nach Duns Scotus die klare und bestimmte Erkenntniss derselben für ein vollkommenes Erkennen des Dinges die Hauptsache; daher sie im göttlichen Denken am allermeisten gesondert auseinandertreten müssen. Thomas hingegen lässt dieselben für den simplex intuitus divinus mit dem in seiner tiefsten Wesenheit geschauten Dinge zusammenfallen, und sieht in der gesonderten Hervorhebung und Auseinanderhaltung der Constituenten und Determinanten des Wesens eines bestimmten Dinges nur einen Behelf des seiner Natur nach unvollkommenen menschlichen Denkens, dessen das göttliche Denken nicht bedarf. Gewiss dringt der göttliche Tiefblick simplici intuitu ins innerste Wesen des Dinges; wie aber, wenn das Ding keinen selbstigen Wesensgrund hat, wenn dieser Grund ausser ihm und ausserhalb der gesammten Art oder Gattung der Dinge, welcher es angehört, liegt, wie diess sicher bei allen Individuationen des sinnlich Erscheinenden der Fall ist? Wird da der göttliche Tiefblick nicht auf das gemeinsame Grundwesen aller Modificationen und Individuationen des sinnlich Erscheinenden gehen, und aus diesem Grundwesen heraus alle jene vielfältigst modificirten Individuationen desselben erkennen? Wird man also da noch von Ideen, d. i. Wesensgedanken der sinnlichen Einzeldinge und Einzelwesen, sprechen können, ausser sie wären aus dem in ihnen individuirten Grundwesen erkannt? Wie unentwickelt ist also noch der Begriff der Idee, wenn er mit den Artbegriffen der Dinge identificirt wird, abgesehen davon, dass das Individuum als solches hiebei ganz ausser Acht gelassen wird, während doch, wie Thomas selber zugeben muss, die Species der Sinnendinge nur in diesen ein vom Denken verschiedenes reales Sein haben. Dieser Punkt ist nun einer von jenen, welche Duns Scotus an der Thomistischen Doctrin mit vollem Grunde bemängelt; nur dass seine Kritik auf einen Standpunkt herabsinkt, der bei völliger Gleichgiltigkeit gegen den Unterschied zwischen den concreten Existenzen geistiger und sinnlicher Natur ausschliesslich den abstracten Begriff des Individuums ins Auge fasst, von dem er behauptet, dass es eine von den Ideen der Art und des Genus distincte Idee in Gott haben müsse. Es ist allerdings richtig, dass die göttliche Anschauung der Weltdinge als die allervollkommenste auch die allerconcreteste sein müsse. Aber als solche zehrt sie die im abstract formalen Denken auseinandergehaltenen Unterschiede von Form und Materie, Genus und Species in sich auf, und sieht die Dinge in ihrer eigensten Wesenheit, die bei keinem der aussergöttlichen Dinge ausschliesslich in diesem selbst und ausserhalb der Correlationen desselben zu allem anderen Seienden liegt, in den Sinnendingen aber von diesen Correlationen völlig beherrscht ist. Daher der Fluss und Wandel der sinnlichen Erscheinungen, in deren stetem Wechsel selbst nicht einmal die sogenannten Wesensformen ein bleibendes und unalterirbares Sein haben; es gibt im Gesammtbereiche der sichtbaren Welt nur Eine bleibende und unalterirbare Wesensform, jene des Menschen, und zwar desshalb, weil sie, um in der Sprache der Scholastiker zu sprechen, eine von der Materie der Sinnendinge unabhängige Subsistenz in sich selber hat. Sind die sinnlichen Wesensformen, die im Wandel und Wechsel der sinnlichen Erscheinungswelt das Bleibende repräsentiren, alterirbar und vergänglich, so sinken die stofflichen Individuationen derselben zu noch geringerer Bedeutung herab, und zählen nur als Repräsentanten des in ihnen verwirklichten Artbegriffes; daher die der formlosen Unbestimmtheit der 'Materie', in der sie verwirklichet sind, entsprechende Unbestimmtheit und Unbegränztheit ihrer Zahl, obwohl sie in Gottes Denken gezählt sind. Demzufolge hat Duns Scotus allerdings Recht, für jedes einzelne Sinnending einen distincten Gedanken in Gott zu postuliren: verfehlt aber ist es, dieses Postulat auf die sogenannte Substantialität des Sinnendinges zu gründen,[1] die eben nur eine rein phänomenale Bedeutung hat. Thomas überwindet den unphilosophischen Empirismus dieser Anschauung, wenn er das Esse des Sinnendinges in das formgebende Princip desselben verlegt; und darin, dass er das Individuum als solches nicht in die musterbildliche göttliche Idee aufgenommen wissen will, könnte man eine leise Ahnung von dem immanenten Selbstleben der Natur ausgesprochen finden, dessen Idee das unmittelbare Eingreifen Gottes als Machers jedes einzelnen Dinges von selber ausschliesst. Wenn aber die unbegränzte Variabilität zum Wesen des lebendigen Schaffens der Natur gehört, und innerhalb jeder besonderen Art und Form des Erscheinenden in der mannigfaltigen Individualisirung des Artbegriffes seinen Ausdruck findet, so muss auch jedes Individuum als solches in den göttlichen Formgedanken aufgenommen sein, der ja als lebendiger Gedanke und vollkommenster Gedanke alle Varietäten desselben in sich schliessen muss, so dass keine in die geschöpfliche Wirklichkeit treten kann, die nicht ihr Urbild im lebendigen göttlichen Urgedanken der allgemeinen Form oder des Artbegriffes hätte. Man sieht, das Wahrheitsrecht im Streite über den Inhalt der göttlichen Idee schwankt zwischen beiden streitenden Theilen hin und her; ein Beweis, dass keiner von beiden in der lebendigen Mitte der Sache steht. Es ist ganz richtig, dass jedem einzelnen sinnlichen Individuum, das die zeugende Natur producirt, ein urbildlicher göttlicher Gedanke entspricht; aber wie ganz anders muss im göttlichen Denken ein individuelles Geistwesen erscheinen, welches als ein in sich geschlossenes Totum nach seinem ontologischen Range nicht nur über jedem sinnlichen Sonder-Individuum, sondern über der Gesammtheit aller Besonderungen und Particularisationen des sinnlichen Stoffes steht! Duns Scotus muss zugeben, dass ein solches Totum für das göttliche Denken in ganz anderem Sinne als die stofflichen Singularitäten als Einheit zähle. Er lässt jedoch die Prädicate Unum, Verum, Bonum als Passiones entis erst nach-

---

[1] Individua sunt maxime substantiae, quia sunt primae substantiae. Unde de illis non est dubitatio, quin quodlibet eorum dicat unitatem realem et entitatem. Substantia autem secunda non dicitur maxime substantia, et ideo dubium est, si est unitas realis, et per consequens, si entitas specifica sit realis. Cum igitur natura maxime intendat illud, quod est maximae entitatis, mirum videtur, quod natura solum intendat de specie, et non de individuo. 1. dist 36. qu. 4 (Op. Paris.).

träglich zum Gedanken des Seins als solchen hinzutreten, und lässt das Seiende als solches zunächst nur unter den durch die quinque voces dargebotenen Gesichtspunkten des generischen, specifischen und individuellen Seins, so dass in rein ontologischer Beziehung (die hier mit der rein logischen Auffassung des Objectes zusammenfällt) die Singularität des Engels unter denselben Gesichtspunkt wie jene eines singulären Sinnendinges fällt. Dieses logisch abstracte Schema der Weltdinge hat wohl auch Thomas mit Duns Scotus gemein; es nimmt aber bei Thomas einen anderen Sinn dadurch an, dass bei Thomas die Notionen Unum, Verum und Bonum mit dem Gedanken des Seienden als solchen sich identificiren, und demzufolge Thomas sich das Summum esse im Voraus nicht anders, denn als summe unum, summe verum und summe bonum denken kann, welche Auffassung des absolut Seienden im Begriffe desselben als der absoluten Form und Urform alles Seienden ihren Ausdruck findet. Das Unzureichende dieser speculativen Anschauung vom absoluten Sein liegt nur darin, dass sie nicht gestattet, die Idee des concreten lebendigen Seins zu gewinnen, und es demzufolge auch nicht zur Erzeugung eines lebendigen Weltbegriffes von concreter Gestaltung gelangen lässt; die gesammte concrete Weltwirklichkeit wird in das Schema formalisirender Abstractionen gefasst, der Formbegriff fällt mehr oder weniger mit jenem der Wesensstufe zusammen, das lebendige Ineinander der geschöpflichen Dinge, in welchem die lebendige und allseitige, das Höchste mit dem Niedersten verknüpfende Wechselbeziehung einen concreten Mittelpunkt in einem kosmischen Centralwesen involvirt, vermag unter der Vorherrschaft formalisirender Abstractionen schlechterdings nicht zum Ausdrucke gelangen. Kein Wunder, wenn der durch den Schematismus formalisirender Abstractionen niedergehaltene speculative Denktrieb in der Abwerfung desselben sein Heil suchte, um in den Anschauungen des speculativen Individualismus, wie er im Systeme eines Nicolaus Cusanus vorliegt, dem Gedanken des concreten Seins zu einem von dem Gedanken der sinnlichen Materie unabhängigen Ausdrucke zu verhelfen, in welchem mindestens die Idee der Welt als eines central geeinigten Totum concreter Existenzen sich verwirklichet zeigte. Thomas kennt keine concreten Existenzen, soweit der Begriff derselben etwas von jenem der geformten Materie Verschiedenes besagen soll, und die Individuationen der letzteren fallen, so weit sie in ihrer Mehrheit einen bestimmten Formgedanken zum Ausdruck bringen, vom ideellen Standpunkte aus angesehen in ein unterschiedloses Einerlei zusammen, d. h. die ideelle Bedeutung der Variationen des Formausdruckes in der Materie lässt sich vom Standpunkte des abstracten Formdenkens aus nicht erreichen. Für Duns Scotus hingegen ist die als empirisches Factum feststehende Thatsache einer Mehrheit von Individuationen derselben ein ausreichender Grund, für jede derselben eine besondere Idee in Gott zu setzen, weil für ihn überhaupt die göttliche Idee nicht die specifische Bedeutung eines musterbildlichen Gedankens, sondern einfach die Bedeutung des göttlichen Gedankens von etwas ausser Gott Möglichem hat; und da Gott alles ausser ihm Mögliche bis ins Einzelnste und Kleinste denkt, so sind im göttlichen Denken so viele Ideen, als es derartige Möglichkeiten gibt, also unbegränzt viele.

Da die quidditativen Concepte oder das sachliche Denken des menschlichen Intellectes eine Nachbildung des göttlichen Sachdenkens sind, so muss die Lehre des Duns Scotus vom intellectiven Denken des Menschen selbstverständlich im Einklange mit seiner Lehre von den göttlichen Ideen begriffen werden. Wie Gott unendlich Vieles denkt, so hat auch die menschliche Seele die Fähigkeit, unendlich Vieles zu denken, und erfasst jetzt schon im Leben der Zeit die unendliche Vielheit der möglichen Dinge wenigstens implicite und confuse im Gedanken Gottes als des unendlichen Seins, und als desjenigen, dessen Denken die unbegränzte Vielheit alles ausser ihm Möglichen actuell gegenwärtig ist. Wie die unendliche Vielheit des ausser Gott Möglichen für ihn einfach etwas Gegebenes, ein objectum simplicis visionis ist, das er, wenn er es auch mit der vollkommensten und souveränsten Freiheit denkt, als denkender und absoluter Allmöglichkeitsgrund denken muss, so ist auch für den menschlichen Intellect die unermessliche Vielheit des Denkbaren und Erkennbaren etwas Gegebenes, welches durch den Intellect geistig aufgegriffen und in den doppelten Rahmen der logischen und ontologischen Denkbestimmungen gefasst wird. Der göttliche und der menschliche Intellect verhalten sich zu einander wie die unendliche Vernunft zu der endlichen, deren ersterer die unermessliche Vielheit der Dinge actuell gegenwärtig ist, während letztere die Gedanken derselben wenigstens der Möglichkeit nach in sich trägt, weil sie aus der materia primo-prima geformt ist, aus welcher alle ausser Gott möglichen Dinge zu bilden sind. Ihre Bindung an die materia primo-prima hat aber zur Folge, dass ihr die Gedanken der vielen Dinge ausser ihr nicht, wie es bei Gott der Fall ist, schon unmittelbar von selbst gegenwärtig sind; sie müssen in ihr durch den Contact mit den wirklichen Dingen erzeugt werden. Das Wirkliche als solches muss ihr durch Erfahrung nahegebracht werden; die logischen und metaphysischen Determinationen des Wirklichen erkennt sie, so weit dieselben Determinationen des Seienden als solchen sind, durch sich selber; der logisch-ontologische Schematismus, in welchen sie die Dinge fasst, ist eben die nothwendige Form des Vernunftdenkens, das sie mit Gott gemein hat. Die concreten geschöpflichen Wirklichkeiten, welche sie in dieses denknothwendige Schema der Vernunftanschauung aufnimmt, sind für sie eben so, wie für das göttliche Denken selber, etwas Zufälliges; schon die mit der dreifachen Materie gegebenen grundhaften Real-Determinationen des Seienden sind ihrem Denken durch die thatsächlich gegebene Weltbeschaffenheit aufgenöthiget, um so mehr alle aus dieser dreifachen Materie herausgebildeten Besonderheiten. Das denkhafte Interesse, das sie an allen geschöpflichen Dingen nimmt, ist diess, in ihnen nach einem bestimmten Ordnungsverhältniss abgestufte und gegliederte Determinationen des Seienden zu erkennen, deren nothwendige Voraussetzung ihr Gott als das unbegränzte unendliche Sein ist. Wie Gott sich selbst zuerst und als die zufolge der Unendlichkeit seines Seins nothwendige Grundvoraussetzung alles Anderen ausser ihm denkt, so muss auch der geschöpfliche Intellect der Gesammtheit der endlichen Dinge das Unendliche als grundhaftes Erstes voraussetzen, obschon — und hierin liegt der Unterschied zwischen dem göttlichen und geschöpflichen Intellect begründet — für letzteren der denknothwendige erste und seinem Wesen adäquirte Gedanke nicht jener des unendlichen Seins, sondern der an sich völlig unbestimmte Gedanke des Seins als solchen ist, dessen Grundtheilung in unendliches und endliches Sein im geschöpflichen Intellecte etwas Nachfolgendes ist, und nach dem vollen Inhalte ihrer sachlichen Bedeutung für das menschliche Denken sich erst durch eine Reihe von Denkvermittelungen aufhellt, für welche überdiess der in die irdische Zeitlichkeit gestellte Mensch sein sinnlich-irdisches Erfahrungsleben zur Unterlage und zum Ausgangspunkte zu nehmen hat. Es wäre aber verfehlt, diese Abhängigkeit des menschlichen Intellectes von der sinnlich-irdischen Erfahrung, wie Thomas will, für etwas Ursprüngliches und im Wesen des menschlichen Intellectes Begründetes zu nehmen, und demzufolge die sinnliche Quidditat als das dem menschlichen Intellecte adäquate Object der Erkenntniss anzusehen;[1] der menschliche Intellect steht als Intellect in gleicher Kategorie mit dem englischen, und es gehört zum gemeinsamen Charakter beider als geschöpflicher Intellecte, dass für sie das Seiende als solches das primum objectum und adäquate Object ihres Denkens ist.[2] So nöthiget uns also Duns Scotus zu unterscheiden zwischen den Erkenntnissen, welche der menschlichen Seele ihrer intellectiven Natur nach zustünden, und zwischen jenen, welche der irdische Zeitmensch als gefallener Mensch immerhin noch zu erringen vermag. Im Verhältniss zur thomistischen Ansicht über das objectum proprium des menschlichen Intellectes hat die scotistische Angabe des objectum proprium des geschöpflichen Intellectes die Bedeutung der Emancipation eines abstracten Vernunftdenkens aus der Herrschaft eines durch einen empiristischen Realismus niedergehaltenen speculativen Erkennens; die Attributionen und Vermöglichkeiten dieses Vernunfterkennens für den Fall seines ungehemmten Waltens haben wir aus den Angaben des Duns Scotus über die intellectiven Functionen und Vermöglichkeiten der Engel zu entnehmen, welche, wie wir bereits wissen, mit denselben intellectiven Kräften wie die Menschenseelen ausgerüstet sind. Die Objecte der intellectiven Erkenntniss sind für den Engel wie für die Menschenseele Gott, das eigene Selbst und die übrigen Weltdinge. In Betreff dieser letzteren hat nun allerdings der Engel diess vor dem menschlichen Intellecte voraus, dass ihm die Species specialissimae, d. i. die Idee der Einzeldinge concreirt sind, weil er sonst von diesen Dingen keine bestimmte Erkenntniss haben könnte.[3] Diess ist indess in Betreff der Sinnendinge nur ein Ersatz für die der menschlichen Seele gebotene Möglichkeit, durch Vermittelung der sinnlichen Accidenzen des Dinges die Quiddität desselben zu erkennen, und ändert für den Engel nichts an der Nothwendigkeit, zur Erkenntniss der Existenz des singulären Dinges und seiner singulären Besonderheit auf dem Erfahrungswege gelangen zu müssen.[4] Duns Scotus urgirt weiter gegen Thomas auf das Entschiedenste,[5] dass die Species specialissimae, mittelst deren der Engel erkennt, als rationes propriae rerum nicht durch höhere und allgemeinere Species ersetzt werden könnten, so dass, wie Thomas lehrt,[6] die Engel höherer Ordnung durch wenigere aber universellere Species, der höchste Engel durch eine einzige universalste Species die Weltdinge erkennte. Diess würde den Engel der Art nach über die Menschenseele stellen, und involvirt nebstdem die ontologische Unmöglichkeit, dass ein Ding niederer Ordnung in jenem einer höheren Ordnung enthalten sei.[7] Die ontologische Unmöglichkeit gilt freilich nur

---

[1] Utcunque igitur sit iste status, sive ex mera Dei voluntate, sive ex mera justitia punitiva, sive ex infirmitate, quam causam Augustinus (Trin. XV, cap. ult.) innuit . . . . . sive, inquam, haec sit tota causa sive aliqua alia, saltem non est primum objectum intellectus, ut potentia est, quidditas rei materialis, sed est aliquid commune ad omnia intelligibilia; licet primum objectum adaequatum sibi in movendo pro isto statu sit quidditas rei sensibilis. 1. dist. 3, qu. 3.
[2] Intellectus creatus est possibilis respectu cujuslibet intelligibilis et etiam potest pati a quolibet intelligibili, propter quod nullum illorum est objectum adaequate movens intellectum creatum, sed commune ad omnia. Intellectus autem increatus non patitur nisi ab essentia sua eo modo, quo dicitur moveri ab essentia; ideo solum essentia sua est objectum ejus adaequatum. Unde propter imperfectionem intellectus creati est, quod nullum unum nisi ens adaequat ipsum in ratione objecti; tamen est perfectio supplens imperfectionem, quin in hoc excedit potentias sensitivas. 1. dist. 35, qu. 2 (Op. Paris.).
[3] 2. dist. 3, qu. 3 (Op. Paris.).
[4] 2. dist. 11, qu. 2 (Op. Paris.).
[5] 2. dist. 3, qu. 2 (Op. Paris.).
[6] 1 qu. 55, art. 3.
[7] Species superior non potest perfecte continere inferiorem, nisi ponatur quod essentia, cujus est species, contineat essentiam, cujus est alia species. Ideo contradictio est, speciem superiorem perfecte continere inferiorem, et essentiam superiorem non continere essentiam inferiorem. 2. dist. 3, qu. 2 (Op. Paris.).

vom scotistischen Standpunkte und unter der Voraussetzung, dass das Wesen eines Dinges nicht, wie Thomas lehrt, in seiner Form beruhe, sondern durch dasjenige constituirt werde, was durch die Zusammensetzung aus Materie und Form als Product resultirt. Weiter stellt sich hier abermals recht deutlich der in der scotistischen Doctrin waltende Trieb hervor, das in der thomistischen Speculation über die rein begriffliche Fassung hinausstrebende Idealdenken wieder streng auf das rein begriffliche Denken zurückzudrängen. Was Thomas die dem höchsten Engel genügende Eine Species universalissima der Dinge nennt, bedeutet nach seinem wahren, von der rein gegenständlichen Auffassung des scholastisch-peripatetischen Denkens losgelösten Sinne die Centralidee der Schöpfung, jene höchste Idee, aus deren Mitte heraus die Gesammtheit des Geschaffenen geistig umfassen und durchdringen zu können, wir auch dem Menschengeiste vindiciren müssen, wofern es wahr ist, dass der Mensch die lebendige Mitte des Universums und das verwirklichte geschöpfliche Gegenbild Gottes ist. Die unter jener Species universalissima befassten Species minus universales bedeuten die von der centralen Schauung umschlossenen und in ihr enthaltenen Sonderideen der organischen Glieder und Constituenten des in der Centralidee geistig umfassten Ganzen, die Species specialissimae die Ideen jener concreten Existenzen, in welchen die doppelte Wirklichkeit der unsichtbaren und sichtbaren Welt und die im Menschen vollzogene Einigung beider ihr lebendiges Dasein hat. Diess ist der Sinn des Wortes Species, wenn es etwas vom Allgemeinbegriffe Verschiedenes bedeuten soll; nur muss, wenn den thomistischen Species die Bedeutung von Ideen gewahrt bleiben soll, der gesammte Weltbegriff der thomistischen Lehre in einen anderen umgebildet werden, weil nur unter dieser Bedingung die im Thomismus vom Begriffe absorbirte Idee von demselben sich loslösen und als eine vom logischen Begreifen specifisch unterschiedene Erkenntnissform festhalten lässt. Der thomistische Formbegriff involvirt ein gradweises Aufsteigen der Formen der Weltdinge von einer niedersten und engsten angefangen bis zu einer höchsten und weitesten hinauf; jede niedere Form ist in der höheren enthalten, wie der engere Begriff in dem weiteren, wobei selbstverständlich als höchster allgemeinster Begriff jener des absoluten Seins als Correlat der absoluten Form vorausgesetzt wird. Hier haben somit die der abgestuften Reihe der Wesensformen entsprechenden Species des Intellectes ausschliesslich die Bedeutung von mehr oder minder generellen Allgemeinbegriffen, deren Inhalt nur in einer fortschreitenden Generalisation des erfahrungsmässig erkannten Inhaltes des untersten und niedersten Begriffes bestehen kann, nach dem Gedankenschema: grobstoffliches Sein, minder gebundenes stoffliches Sein, unstoffliches Sein, absolutes Sein. Mit Recht macht Duns Scotus von seinem Standpunkte aus dawider die Einwendung, dass durch derartige generelle Classenbestimmungen oder Rangbestimmungen der Dinge nicht die Weseneigenheit derselben erkannt werde; mit Recht verwahrt er sich dagegen, dass die den Wesensrang ausdrückende Form zugleich auch die Wesenheit des Dinges selber bedeuten solle, woraus natürlich folgt, dass der Formgedanke nicht Wesensgedanke, nicht Idee des Dinges ist, das als solches nur in seiner concreten Besonderheit erkannt werden könne. Damit ist aber der Mensch, dem im Unterschiede vom Engel nach Scotus keine Species der Dinge concreirt sind, ausschliesslich an die sinnlich-irdische Erfahrung angewiesen, mit der sich sein Denken zur ontologisch-logischen Determination des Dinges zusammenschliesst; eine andere Erkenntnissart und Erkenntnissform des Dinges als diese, gibt es da nicht. Es ist bemerkenswerth, in welcher Weise Duns Scotus die bei Thomas aufdämmernde Ahnung des Idealdenkens als einer vom begrifflich analytischen Denken unterschiedenen centralen Fassung der Dinge niederzuhalten eifrigst sich beeilt. Thomas glaubt nämlich das den Engeln von ihm zugewiesene Erkennen aus Speciebus universalioribus analogisch durch den Hinweis auf das tiefer dringende Fassungsvermögen begabter Menschen erläutern zu sollen, die, wie er bemerkt, aus Wenigem und Einfachem Vieles zu cruiren vermögen.[1] Duns Scotus erwidert, die von Thomas bemerklich gemachte Thatsache beweise nur, dass einige Menschen schneller und vollkommener etwas auffassen als andere, nicht aber dass sie mittelst einer bestimmten ratio cognoscendi Mehreres als andere zu erkennen vermöchten;[2] d. h. es gibt keine solchen tiefer hinter den Dingen zurückliegende Gedanken, auf welche sich zum centraleren Verständniss derselben zurückgreifen liesse. Im Zusammenhange mit der Polemik des Duns Scotus gegen Thomas enthält diese Entgegnung einen Protest gegen die von Thomas festgehaltene Anschauung, dass die Engel als leiblose Formwesen universellere Naturen als die Menschenseelen seien, und dass diese Universalität in den höheren Rangclassen der reinen Geister sich fortwährend steigere. Nach Duns Scotus sind Engel und Menschenseelen gleichmässig durch die materia primo-prima determinirt, und der höhere Rang der ersteren keineswegs durch einen höheren Grad von Universalität bedingt. Die innerhalb des Bereiches der Engelwelt bestehenden Rangunterschiede denkt sich Duns Scotus im Einklange mit seiner Grundanschauung über den Vorrang des Willens vor dem Intellecte einzig von Gnade und Verdienst abhängig.

Die Ablehnung eines Gradunterschiedes der Universalität der intellectiven Wesenheiten steht im engsten Zusammenhange mit der Lehre des Duns Scotus, dass alle geschöpflichen Intellecte ohne Unterschied darauf angewiesen sind, die Realerkenntniss der Welt aus der Apprehension der Quidditäten der besonderen Dinge zu schöpfen; für den menschlichen Intellect tritt noch diess Besondere hinzu, dass er die Erkenntniss dieser Quidditäten nur durch unmittelbaren Contact mit der Sinnenwelt gewinnen kann. Unsere Weltkenntniss ist also nach Ursprung und Inhalt durchaus eine aposteriorische: und da es keine vom begrifflichen Denken specifisch verschiedene Form des Idealdenkens gibt, unter welche sie gefasst werden könnte, so bleibt sie ihrem Realinhalte nach eine durchaus empirische, sei es, dass wir um die Quidditäten der Dinge durch sinnliche Erfahrung, oder wie in Beziehung auf die Geisterwelt, durch den Glauben wissen. Dieser empirisch-aposteriorische Inhalt unserer Weltkenntniss wird zum Gegenstande einer philosophischen Erkenntniss desselben durch seine Einordnung in das apriorische Schema der zehn ontologischen Kategorien, die eine von der sinnlichen Erfahrung unabhängige Wahrheit ansprechen, und desshalb die denknothwendige Fassung des sinnlich-irdischen Erfahrungswissens darbieten. Das Philosophische der in dieses Schema hineingebildeten Welterkenntniss besteht darin, dass die Dinge nach ihrer Seinsbestimmtheit erkannt werden, welche Erkenntniss auch mit einem denknothwendigen Wissen um die allgemeinen Seinscomponenten, Materie und Form, verbunden ist, indem das endliche, d. h.

---

[1] Quae Deus cognoscit per unum, inferiores intellectus cognoscunt per multa, et tanto amplius per plura, quanto amplius intellectus inferior fuerit. Sic igitur, quanto angelus fuerit superior, tanto per pauciores species universalitatem intelligibilium apprehendere potest. .... Et de hoc exemplum aliqualiter in nobis perspici poterit. Sunt enim quidam, qui veritatem intelligibilem capere non possunt, nisi eis particulariter explicetur. .... Alii vero, qui sunt fortioris intellectus, ex paucis multa capere possunt. 1 qu. 55, art. 3.

[2] 2 dist. 3, qu. 2 (Op. Paris.).

unter die Begränzung durch die zehn Genera fallende Sein uns nur unter der Bedingung einer Auseinanderhaltung von Materie und Form im Denken fassbar wird. Die dem Seienden als solchem anhaftenden metaphysischen Bestimmungen: Unum, Verum, Bonum verlieren die Bedeutung, welche sie für eine speculative Realerkenntniss im Thomismus haben,[1] bei Duns Scotus dadurch, dass auch die Materie als solche ein Seiendes ist; wir begreifen demzufolge, wie Duns Scotus durch die Consequenz seines Denkstandpunktes dahin geführt wird, die Unsterblichkeit der Seelen, somit auch die Unvergänglichkeit der Geister, für keine streng erweisliche philosophische Wahrheit gelten zu lassen. Er selber sagt ausdrücklich, dass jene drei Prädicate des Seins als accidentelle Bestimmungen desselben nichts über den quidditativen Charakter eines bestimmten Seienden entscheiden,[2] vielmehr Sinn und Grad ihrer Geltung von diesem quidditativen Charakter eines bestimmten Seienden abhängt.[3]

Gehen wir von der intellectiven Erkenntniss der Weltdinge auf die Selbsterkenntniss der geschöpflichen intellectiven Wesen über, so hat hier nach Duns Scotus der Engel allerdings zufolge seiner Leiblosigkeit vor der Menschenseele den Vorzug einer unmittelbaren Selbstanschauung voraus,[4] hat aber nebstbei auch mit dem Menschen die Selbsterkenntniss durch ein Gedankenbild gemein, während umgekehrt der Mensch, wenn er nicht gefallen wäre, sich in seiner seelischen Innerlichkeit gleichfalls nach Art des Engels intuitiv erkennen würde. In diesen Aufstellungen liegt eine doppelte Abweichung von der thomistischen Anschauungsweise der Sache enthalten; Thomas legt dem Engel einfach nur eine intuitive Selbsterkenntniss bei,[5] und spricht dem zeitlichen Erdenmenschen einfach eine intuitive Selbstanschauung seines seelischen Inneren ab,[6] die er jedoch der vom Leibe getrennten Seele als die ihr in diesem Zustande der Trennung congruente Form der Selbsterkenntniss zutheilt,[7] woraus jedoch weiter folgt, dass sie sodann nicht auch auf jene andere Art, die Duns Scotus dem Engel nebstdem noch zutheilt, nämlich per speciem, sich erkennen könne. Der Meinungsgegensatz zwischen Thomas und Duns Scotus in Bezug auf das Selbsterkennen der menschlichen Seele ist einfach eine Consequenz aus der beiderseitigen Auffassung des Verhältnisses der Seele zum Leibe; der das Selbsterkennen des Engels betreffende Meinungsgegensatz wird zuletzt darauf zurückzuführen sein, dass Thomas den Engel als reines Formwesen fasst, während ihn Duns Scotus aus Form und Materie zusammengesetzt sein lässt. In Folge dieser Zusammensetzung nämlich kommt dem Engel, wie wir oben sahen, ein Intellectus possibilis und agens in demselben Sinne wie dem Menschen zu; der Intellectus agens ist auf die Erzeugung einer abstractiven Erkenntniss der Quidditäten oder Wesenheiten der Dinge gerichtet. Es sei kein Grund vorhanden, dem Engel eine solche abstractive, oder wie Duns Scotus sich auch ausdrückt, scientifische Kenntniss seiner selbst abzusprechen; man würde ihm damit nur eine derartige Kenntniss von sich selbst aberkennen.

---

[1] Vgl. Thom. Aq. 1 qu. 87, art. 1: Sic aliquid est ens et verum . . . . prout actu est.
[2] Verum est passio entis et cujuslibet inferioris ad ens; ergo intelligendo ens et quodlibet inferius ad ens praecise sub ratione veri non intelligitur nisi per accidens et non secundum rationem quidditativam. 1 dist. 3, qu. 3.
[3] Unum est per se passio entis, et ens per se non tantum est implex sed compositum; ita ut unum per se non sit tantum illud, quod est simplex, sed compositum. 2 dist. 12, qu. 1 (Op. Paris.). Also auch ein auflösliches Ding ist als Ding ein unum per se.
[4] 2 dist. 3, qu. 3 (Op. Paris.). — 3 dist. 3, qu. 8 (Op. Oxon.).
[5] 1 qu. 56, art. 1.
[6] 1 qu. 87, art. 1.
[7] 1 qu. 89, art. 2.

die er doch zugestandener Massen von den übrigen Weltdingen, ja auch von den Wesen seiner eigenen Art hat. Scotus verwirft desshalb diejenigen Gründe, aus welchen Thomas dem Engel eine unmittelbare Selbstanschauung vindicirt, indem dieselben die Möglichkeit einer abstractiven oder scientifischen Selbsterkenntniss des Engels ausschliessen würden. Thomas macht nämlich[1] das unmittelbare Vereinigtsein des zu erkennenden Objectes mit dem Erkennenden zur ratio formalis intelligendi, so dass das unmittelbare Beisichsein des intellectiven Engels der Grund seiner Selbsterkenntniss wäre, die demzufolge ganz in der Selbstanschauung aufgehen müsste. Für Duns Scotus ist im gegebenen Falle die unmittelbare Präsenz des zu erkennenden Objectes bloss der Möglichkeitsgrund der von ihm zugestandenen Selbstanschauung des Engels, die jedoch als intellectiver Act sich durch die Action des Intellectes vollziehen muss. Damit wird aber freilich zugleich auch die von Thomas behauptete perpetuirliche actuelle Selbstanschauung des Engels in Abrede gestellt, der eben nicht, wie Thomas will, ein sich selber ewig lichtes reines Formwesen ist. Duns Scotus bleibt bei der Assertion der Möglichkeit einer unmittelbaren Selbstanschauung des Engels stehen, und erklärt diese Möglichkeit daraus, dass das Object der Selbstanschauung, d. i. die eigene Essenz des Engels, als ein actu Intelligibile in der Memoria des Engels gegenwärtig ist. So werden also in Bezug auf das Selbsterkennen Engel und Menschenseele einander möglichst nahe gebracht, und zwar dadurch, dass einerseits der Menschenseele, selbst sofern sie mit dem irdischen Leibe vereiniget ist, nicht schon an sich das Vermögen der Selbstanschauung abgesprochen wird, andererseits aber dem Engel die Möglichkeit einer perpetuirlichen actuellen Selbsterkenntniss aberkannt wird, während beiden ein abstractes Selbsterkennen als gemeinsamer Erkenntnissbesitz zugetheilt wird.

Der Thomistischen Doctrin, welche dem leiblosen Intellecte einfach nur eine intuitive Selbsterkenntniss zutheilt, der mit dem passiblen Erdenleibe vereinigten Menschenseele aber eine solche Selbsterkenntniss einfach abspricht, wird von Duns Scotus der Vorwurf gemacht, dass sie den Intellect in ein rein passives Verhältniss zu den Objecten seiner Erkenntniss setze. In Bezug auf das Erkennen der Engel wird dieser Vorwurf damit erhärtet, dass den Engeln von Thomas ein Intellectus agens im eigentlichen Sinne abgesprochen oder doch nur sehr relativ zuerkannt, und demzufolge ihr Erkennen als ein rein intuitives Erkennen aufgefasst werde. Nicht minder werde aber auch das intellective zeitliche Menschenerkennen in ein excessives Abhängigkeitsverhältniss von der sichtbaren Wirklichkeit gesetzt; zufolge dessen müsse Thomas sagen, dass die intellective Menschenseele ihr nur mittelst jener Acte inne werden könne, in welchen der Intellectus agens aus den Sinnesvorstellungen die intelligiblen Species der Dinge hervorziehe. Hier zeige sich die passive Abhängigkeit des Intellectes sowohl in Beziehung auf die Selbstwahrnehmung der Seele, als auch in Bezug auf die intellective Erkenntniss der Sinnendinge. In Bezug auf erstere ist einzig das unmittelbare Dasein der Seelenessenz der Grund des Wissens um sie; in den Intellectionen der Sinnendinge aber werde alle Activität in die Species intelligibilis verlegt, so dass diese die eigentliche Auswirkerin der Erkenntniss und gewisser Massen das formgebende Princip des Intellectes sei.[2] Der eigentliche Sinn dieses Vorwurfes ist wohl dieser, dass Thomas den intellectiven Erkennt-

---

[1] 1 qu. 56, art. 1.
[2] 1 dist. 3, qu. 7.

nissprocess der Menschenseele zu einem unfreien Naturprocesse herabdrücke; daher auch Duns Scotus im weiteren Verfolge seiner Polemik insgemein die freie Willentlichkeit als wesentliche Form des intellectiven Erkennens betont.[1] Die thomistische Lehre vom menschlichen Intellect scheint ihm zu sehr in die allgemeine Weltlehre verschlungen,[2] der charakteristische Unterschied zwischen dem Wirken natürlicher und geistiger Kräfte nicht beachtet zu sein. Aristoteles, auf den man sich beruft, wird missverstanden; sein Satz: Intelligere est quoddam pati,[3] besagt nicht, dass der Intellect im Verstehen sich passiv verhalte, sondern nur, dass die Intellection als förmliches (actuelles) Verstehen eine im Intellecte activirte Form sei, in deren Auswirkung der Intellect sich selbstverständlich activ verhält. Denn die intellective Seele ist eine Causalität höheren Ranges als das sinnliche Object der intellectiven Erkenntniss,[4] und muss demzufolge auch einen activeren Antheil an der Erkenntniss des Sinnendinges haben, als das hiezu concurrende Sinnending. Allerdings verhält sich das Sinnending, dessen Species in den Intellect hineingenommen wird, gleichfalls als wirkendes; es ist aber im Intellecte nur secundum quid, nämlich als Bild, gegenwärtig, kann daher auch nur secundum quid zur Auswirkung der Intellection beitragen, die principaliter das Werk des Intellectes als Trägers des nur secundum quid seienden Bildes sein muss.[5] Die recipirte Species verhält sich nur als werkzeugliche Ursache des Intellectes, als ein co-agens,[6] als ein secundärer Weise Mitwirkendes.

Die von Duns Scotus gegebene Erklärung des Actes der Intellection steht im vollkommenen Einklange mit seinen uns bereits sattsam bekannten ontologischen und erkenntnisstheoretischen Grundanschauungen. Die Intellection des Sinnendinges ist ihrem Effecte nach nichts anderes als eine besondere Determination des im menschlichen Intellecte vorhandenen Seinsgedankens, wodurch dieser zum Gedanken eines bestimmten Dinges determinirt wird. Der Intellect verhält sich zu dem besonderen, von ihm appercipirten

---

[1] Est enim in potestate nostra intelligere, quia intelligimus, cum volumus. Hoc autem non est propter speciem principaliter, quae est forma naturalis, sed propter intellectum, quo uti possumus cum volumus. 1 dist. 3, qu. 8.

[2] Vgl. Thom. Aq. 1 qu. 87, art. 1: Intellectus humanus se habet in genere intelligibilium ut eus in potentia tantum, sicut et materia prima se habet in genere omnium sensibilium; unde possibilis nominatur.

[3] Vgl. Aristot. Anim. III, p. 429. a, 10 ff.: Περὶ δὲ τοῦ μορίου τοῦ τῆς ψυχῆς ᾧ γινώσκει τε ἡ ψυχὴ καὶ φρονεῖ . . . . . σκεπτέον . . . πῶς ποτὲ γίνεται τὸ νοεῖν, εἰ δή ἐστι τὸ νοεῖν ὥσπερ τὸ αἰσθάνεσθαι, ἢ πάσχειν τι ἂν εἴη, ὑπὸ τοῦ νοητοῦ ἤ τι τοιοῦτον ἕτερον κ. τ. λ. Duns Scotus bemerkt zu dieser Stelle: Dico quod Philosophus locutus est communiter de potentiis animae, inquantum sunt, quibus formaliter sumus in actu secundo; puta de sensu inquantum est, quo formaliter sentimus, de intellectu inquantum est, quo formaliter intelligimus. Formaliter autem intelligimus intellectu inquantum recipit intellectionem, quia si causet eam active, non tamen dicor intelligere intellectu inquantum causat, sed inquantum habet formam. Habere enim qualitatem est esse quale; et ita intellectum habere intellectionem, sive recipere, quod idem est, ipsum esse intelligentem. Nos igitur intelligimus intellectu, inquantum recipit intellectionem. Ideo Philosophus loquens sic de intellectu necesse habuit dicere, cum esse passivum, et quod intelligere est quoddam pati h. e. quod intellectio inquantum est quoddam, quo formaliter intelligimus, est forma quaedam recepta in intellectu. Non autem intelligimus eā, inquantum est quid causatum ab intellectu, si causatur ab eo. — Die Auslegung des Thomas Aq. (Comm. in Anim. III, lect. 7) lautet: Si intelligere est simile ei quod est sentire, et partem intellectivam oportet esse impassibilem, passione proprie accepta; sed oportet, quod habeat aliquid simile passibilitati, quia oportet hujusmodi partem esse susceptivam speciei intelligibilis, et quod sit in potentia ad hujusmodi speciem, sed non sit hoc in actu. Et sic oportet, quod sicut se habet esse sensitivum ad sensibilia, similiter se habent intellectivum ad intelligibilia; quia utrumque est in potentia ad suum objectum, et est susceptivum ejus. Der Unterschied der beiderseitigen Erklärung reducirt sich darauf, dass Thomas den Intellectus possibilis vom Intellectus agens als besonderes Vermögen unterscheidet; Duns Scotus wirft Thomas vor, sich an die averroistische Auslegung des Aristoteles gehalten zu haben.

[4] 1 dist. 3, qu. 8.

[5] Enti secundum quid non convenit actus simpliciter; sed quando habet esse tale secundum quid per aliud simpliciter ens, tunc principalius convenit illi enti simpliciter, si illud aliquo modo sit activum respectu ejusdem. l. c.

[6] Dieses co-agere soll nach Duns Scotus die etymologische Unterlage des Sprachausdruckes cogitare darbieten. — Ueber die wirkliche sprachlich-genetische Ableitung dieses Wortes siehe Pott. indogerman. Wurzelwörterbuch III, S. 387.

Sinnendinge wie sich der allgemeine Seinsgedanke zum Gedanken eines besonderen, bestimmten Esse verhält; das letztere Verhältniss ist ein gedankenhafter Reflex des ersteren in der realen Wirklichkeit bestehenden Verhältnisses. Zufolge der selbstverständlichen Uebereinstimmung der subjectiven Denknothwendigkeit und der realen objectiven Wirklichkeit bedarf es keiner solchen leidenden Hingebung des Intellectes an die gegebene Wirklichkeit, um einen objectiv wahren Eindruck von ihr zu empfangen; eine derartige passive Versenkung des Intellectes in die gegebene sinnliche Wirklichkeit, wie Thomas sie als Grundbedingung einer Gewinnung des Wesensgedankens sinnlicher Dinge fordert, streitet gegen die Natur des Intellectes, die eine solche Versenkung nicht zulässt. Auch ist es dem Intellecte nicht, so zu sagen, um ein Eindringen in die Seele des Sonderdinges, sondern um die allgemeine Wahrheit des Dinges, um den Begriff desselben zu thun; daher auch die im intellectiven Erkennen sich vollziehende Conformation des Erkennenden mit dem Erkannten, der Seele mit dem Sinnendinge, nur in äquivokem Sinne verstanden werden kann.[1] In der That kann Thomas eine im eigentlichen Sinne zu verstehende Conformation der intellectiven Seele mit dem erkannten Sinnesobjecte nur auf den unzulässigen Gedanken des Zusammenseins einer sensiblen und intellectiven Seele in einem und demselben Seelenwesen stützen, wobei überdiess die zeitliche und sachliche Priorität der sensiblen Seele im werdenden Menschen vor der erst nachfolgend eintretenden intellectiven Seele den Intellect wirklich in ein ungehöriges Abhängigkeitsverhältniss von der sinnlichen Wirklichkeit setzt. Wenn es aber wahr ist, dass es eine sinnestiefe Auffassung der Sinnendinge gibt, die nicht schon unmittelbar im begrifflichen Erkennen derselben enthalten ist, und eben nur aus einer Versenkung des Menschen mit Sinn und Gemüth in die gegenständliche Wirklichkeit geschöpft werden kann — wenn es ferner wahr ist, dass diese Art von Erkenntniss als eine aus der Tiefe des menschlichen Seeleninneren geschöpfte Erkenntniss den Charakter des specifisch Menschlichen an sich trägt, so muss die in ihrer unmittelbaren Gegebenheit unwahre thomistische Ansicht vom specifischen Charakter des intellectiven Naturerkennens des zeitlichen Erdenmenschen in einem höheren Sinne sich bewahrheiten, der aber nur dann zu Tage treten kann, wenn ein vom sinnlichen Empfinden verschiedenes seelisches Empfinden anerkannt wird, das nicht gleich ersterem ein actus conjuncti ist, sondern dem immanenten Selbstleben der Seele angehört, und aus diesem heraus sich entwickelt. Von einem derartigen intellectiven Empfindungsleben der Seele wissen weder Thomas noch Duns Scotus; es hat überhaupt keine Stelle in der scholastisch-peripatetischen Psychologie, welche die Eigenart des Seelenwesens verkennend, dasselbe lediglich als eine Zusammensetzung eines Intellectivwesens mit einem Vermögen sinnlicher Wahrnehmung (anima sensitiva) fasst. Der unphilosophische Begriff eines derartigen Wesens lässt ein Hinauskommen über die in der thomistischen und scotistischen Erkenntnisstheorie fixirten dilemmatischen Gegensätze nicht zu; entweder muss das Intellectivprincip in die anima sensitiva derart eingehen, dass es, in der Realapprehension der einzelnen Gegenständlichkeiten der vielfältigst diversificirten sichtbaren Wirklichkeit aufgehend, sich zu einer die gegebene Weltwirklichkeit als Totum umgreifenden Idealanschauung nicht zu erheben vermag,

---

[1] Principalius agens communiter est aequivocum, et eminentius habet in se perfectionem effectus quam causa univoca: et ideo non magis assimilatur sibi formaliter, quia hoc esset imperfectionis in causa, sic assimilari effectui. Sed assimilat magis h. e. dat magis formam effectui, per quam sibi assimilatur aequivoce, quam det agens particulare, et ista assimilatio activa est ex perfectione causae, licet non sit magis assimilatio formaliter. L. c.

oder es muss umgekehrt in einer gewissen abstracten Höhe über dem Bereiche der sinnlichen Sensationen gehalten werden, die es zu einer wahrhaften seelischen Ergreifung der sinnlichen Wirklichkeit nicht gelangen lässt, andererseits aber auch mit dem angenommenen substantiellen Einssein der anima intellectiva und sensitiva nicht vereinbar ist. Gibt es ein seelisches Empfinden, welches, weil die Form der Intellection an sich tragend, vom rein sinnlichen Empfinden durchgreifend verschieden ist, und ist andererseits dieses seelische Empfinden der Seele als Seele, d. i. als actuosem Formprincipe der sinnlichen Leiblichkeit des Menschen eigen, so muss es der Seele als einem von den leiblosen Geistwesen specifisch verschiedenen Wesen zukommen, und ist der angeblich in die anima intellectiva recipirten anima sensibilis als specifische Wesensqualität der intellectiven Menschenseele zu substituiren. In Kraft dieser ihrer Wesensqualität ist die Seele befähiget, die gegenständliche sichtbare Wirklichkeit in einer Weise zu innern, deren das leiblose Geistwesen nicht fähig ist; nur darf diese Innerung nicht als passive Reception, sie muss vielmehr als active Umbildung der sinnlich appercipirten Weltwirklichkeit genommen werden. Sie ist als Umsetzung derselben in eine höhere Form ihres concreten Daseins zu verstehen, als diejenige Form, in welcher sie ein der intellectiven Seele homogenes Sein gewinnt, ohne diejenigen Eigenthümlichkeiten zu verlieren, die sie in der Aufnahme in das Denken eines leiblosen Geistes einbüsst. Indess ist die Erhebung der sichtbaren Wirklichkeit in die Region des seelischen Empfindens etwas von der geistigen Intellection derselben durchgreifend Verschiedenes, obschon sie dieselbe zu ihrer Voraussetzung hat und nur in Kraft derselben sich vollziehen kann. Je vollkommener die Intellection, desto gebildeter die seelische Empfindung; die durchgebildetste und vollkommenste seelische Apperception der sichtbaren Wirklichkeit wird demnach auf dem Grunde des vollendeten Weltverständnisses stehen. Das vollkommenste Verständniss der sichtbaren Wirklichkeit ist das aus der centralen Mitte derselben herausgesetzte, und desshalb sie als lebendiges Totum umgreifende; die centrale Mitte der sichtbaren Wirklichkeit als solcher ist die seelische Innerlichkeit des Menschen, diese in ihrer tiefsten Tiefe gefasst; aus dieser ist also der centrale Weltgedanke zu schöpfen. Die vollkommene Herausstellung desselben aus der Tiefe der menschlichen Intellection hat zu ihrer nothwendigen Vorbedingung die Einrückung der Seele in ihren absoluten Ort, der ausser ihr liegt, und dessen Erreichung das absolute Ziel ihres zeitlichen Vollendungsstrebens ist. In denselben eingerückt erkennt sie ihr Wesen als die absolute Form der sichtbaren Wirklichkeit, und stellt sich ihr das sichtbare Weltganze als eine aus ihrer lebendigen Selbstanschauung herausgestellte Intellection dar, deren concreter Inhalt ihr in der vollendeten Durchbildung ihres immanenten Empfindungslebens innigst gegenwärtig ist. Was also Thomas dem höchsten Engel zuerkennt, nämlich dass er aus einer einzigen Species universalissima die Species aller unter ihm befindlichen Wirklichkeiten erkenne, müssen wir, nur in ungleich concreterer Weise, in Absicht auf das sichtbare Weltganze der in Gott vollendeten intellectiven Menschenseele zuerkennen, für welche in ihrer Wiedervereinigung mit den geklärten Empfindungsorganen ihrer leiblichen Hülle auch der schöne Schein der geklärten sinnlichen Wirklichkeit in einer für den leiblosen Geist nicht perceptiblen Weise vorhanden sein muss. Damit rückt der Mensch seiner Idee nach in die lebendige Mitte des Weltganzen als derjenige, dem Gott durch die Offenbarungen seiner Herrlichkeit in aller Weise nahe ist; während die ihm an Macht und Können übergeordneten Geistmächte als höchste kosmische Mächte den Umkreis des durchaus von geistigen

Potenzen gehaltenen Weltganzen constituiren und hiemit innerhalb der Gränzen der Geschöpflichkeit der Gottheit als absolutem Umschluss zunächst gerückt erscheinen. Duns Scotus erklärt die in die Seele recipirten Species der Sinnendinge für instrumentale Agentien in der Erzeugung des durch den Intellect auszuwirkenden Gedankens eines sinnlich appercipirten Objectes. Lässt sich der Begriff der Species oder des Vorstellungsbildes als eines Agens halten? Setzen wir den generellen Begriff eines Vorstellungsbildes in seinen concreten Inhalt um, so treten zwei Arten von Vorstellungsbildern in den Vordergrund, welche die Seele als Abbildungen der äusseren Wirklichkeit in sich aufnehmen kann: Tonbilder und Gesichtsbilder. Die Apperceptionen der übrigen Sinne vermitteln nur Sinneseindrücke, welchen keine Bilder, sondern bloss Vorstellungen von gewissen Einwirkungsarten der Dinge entsprechen. Daher lässt sich nur diese Vorstellung im Gedächtniss festhalten, während die unmittelbare sinnliche Empfindung als solche, nachdem sie ausgeklungen hat, sich nicht reproduciren lässt. Daraus folgt aber schon, dass der Inhalt der sinnlichen Empfindung ein körperlicher Zustand ist, der sich der Seele als Affection und Leiden des Körpers oder eines körperlichen Organes vernehmbar macht, und allerdings auch die Seele in Mitleidenschaft zieht, obschon nicht sie es ist, welche riecht, schmeckt, die betasteten Körper als rauh oder glatt fühlt u. s. w. Als Bilder lassen sich bloss die durch Gehör und Gesicht vermittelten Apperceptionen festhalten. Die Fähigkeit einer Reproduction dieser Sinnenbilder ist aber offenbar durch die Verbindung der Seele mit dem Leibe bedingt; in der vom Leibe getrennten Seele können keine Töne nachklingen, keine Farbenbilder sich reproduciren. Das sinnliche Vorstellungsbild gehört sonach nicht der Seele als solcher an; der Seele kann nur der demselben entsprechende unsinnliche Gedanke angehören, der aus Anlass des im sinnlichen Vorstellungsbilde gebotenen Vorhaltes in der Seele aufleuchtet. Der Seele als solcher gehört in der intellectiven Apperception sinnlicher Tonbilder nur die aus ihrem selbsteigenen Wesen heraus sich vollziehende Apperception der in den Tonbildern verlautbarenden rhythmisch-musikalischen Verhältnisse, in der intellectiven Apperception der Gesichtsbilder die Auffassung der unsinnlichen Mass- und Formverhältnisse des sinnlich Geschauten an; der sinnlich-materiale Inhalt der sinnlichen Vorstellungsbilder liegt ausser der Seele, geht in sie nicht ein. Beharrt das sinnliche Vorstellungsbild als solches ausserhalb der Seele, so muss es in ganz anderem Sinne, als diess in der scotistischen Psychologie geschieht, als Coagens der intellectiven Seele in Erzeugung des intellectiven Gedankens eines Sinnendinges gefasst werden; es ist eigentlich nur der Veranlasser desselben, der einzige Auswirker ist eben nur die intellective Seele selber. Diess ist die richtige und denkwahre Auffassung der Sache auf dem von Duns Scotus angestrebten dualistisch-anthropologischen Standpunkte, welche ihm darum entgeht, weil er die anima sensibilis mit der anima intellectiva zusammenschweisst, und vom relativen Selbstleben des mit der Seele geeinigten Leibes nichts weiss. Diese Zusammenschweissung der anima intellectiva und sensibilis hat aber ihrerseits darin wieder ihren Grund, dass Duns Scotus, festhaltend an dem Axiom: Nil in intellectu quod non antea fuerit in sensu, bloss einen empirischen Realinhalt der menschlichen Intellectionen kennt; an jenem Axiom aber hält er fest, weil ihm als scholastischem Peripatetiker der Vollbegriff des menschlichen Seelenwesens abgeht, der zu einem entschiedenen und durchgreifenden anthropologischen Dualismus hindrängt, aber auch die Mittel und Bedingungen zur Rückvermittlung der rückhaltlos anerkannten Duälität des Menschenwesens in die geschlossene Einheit eines lebendigen Totum in sich schliesst. Der Vollbegriff der menschlichen Seele bringt es mit sich, in derselben ein lebendiges Totum zu erkennen, welches ein ganzes und volles Leben aus sich heraus zu entwickeln fähig ist, und demzufolge auch keine andere Union mit der sinnlichen Leiblichkeit verträgt als eine solche, in welcher diese, je weiter die immanente intellective Lebensentwicklung der Seele vorschreitet, desto mehr zu einer bloss werkzeuglichen Unterlage der intellectiven Lebensentwicklung herabgesetzt wird. Umgekehrt aber muss dieses leiblich-sinnliche Substrat der intellectiven Selbstentwicklung der Seele ein lebendiges Substrat sein, da die Entwicklung des immanenten Selbstlebens der Seele in lebendiger Wechselbeziehung mit seiner sinnlich-leiblichen Unterlage vor sich geht. Diese lebendige Wechselbeziehung involvirt eine innigste Einigung beider, die nicht anders denkbar ist als so, dass die intellective Seele ihr leibliches Substrat und Wirkungsorgan innerlich gefasst hält und geistig umgreift, während sie es andererseits, um sich die nöthige Freiheit ihrer immanenten Lebensentwicklung zu wahren und jedes störende Eindrängen des sinnlich Animalischen in ihr intellectives Selbstleben abzuwehren, stets unter sich gefasst hält. Diese Wirksamkeiten der Seele sind Naturwirksamkeiten derselben; sie treten nicht ins unmittelbare Bewusstsein der Seele, gehören aber zum substantiellen Sein derselben, und sind unabtrennbar vom Begriffe der Seele als actuoser Wesensform des menschlichen Leibesgebildes.

Der Vollbegriff der Seele als einer den Leib umschliessenden und unter sich gefasst haltenden Macht verträgt sich nicht mit der Vorstellung von einem Haften der Seele am Leibe, wozu sich der Formbegriff unwillkürlich degradirt, wenn die Seele, statt als Continens, vielmehr als ein Contentum in corpore aufgefasst wird, was doch nur secundär und in gehöriger Unterordnung unter die primäre Bestimmung der Seele als eines Continens gelten kann. Das einseitige Vorwiegen der secundären Bestimmung in der peripatetischen Scholastik bekundet nur zu sehr, dass der Begriff der Seele als Substantialform nicht in seiner Tiefe erfasst wurde, und hängt aufs Genaueste mit der schon betonten Unkunde des immanenten Lebensgehaltes der Seele zusammen. Allerdings vergleichen sowohl Thomas Aquinas[1] als auch Duns Scotus[2] das Verhältniss der menschlichen Seele zu dem ihr eignenden Leibe mit dem Verhältniss Gottes zur Welt, und sagen Beide, dass die Seele im Leibe, wie Gott in der Welt walte. Da nun Gott das die Welt absolut continirende Sein ist, so sollte man erwarten, dass auch die Seele in proportionaler Weise als das höhere, ihrem Begriffe nach die sinnliche Leiblichkeit umschliessende Sein gefasst werde. Dem ist aber nicht so. Beide, Thomas und Duns Scotus, sprechen stets nur von einem Sein der Seele im Leibe, ersterer sogar von einem Sein der Seele in der Materia,[3] so dass die Seele nur durch ihre intellective Thätigkeit über dieses ihr Esse in materia hinausgreift. Da nun in der scholastisch-peripatetischen Sprechweise der Thomistik die virtus intellectiva zur Essenz der Seele sich als Accidens verhält, so ist jenes Hinausgreifen der Seele über ihr Esse in materia etwas Accidentelles. Derlei kann nun allerdings von Duns Scotus nicht zugegeben werden; er trennt die

---

[1] 1 qu. 93, art. 3.
[2] Rer. princip. qu. 12, art. 3.
[3] Ultima formarum naturalium, ad quam terminatur consideratio philosophi naturalis, scil. anima humana, est quidem separata, sed tamen in materia. Separata est quidem secundum virtutem intellectivam, quia virtus intellectiva non est virtus alicujus organi corporalis. Sed in materia est, inquantum ipsa anima, cujus est haec virtus, est corporis forma et terminus generationis humanae. 1 qu. 76, art. 1.

intellective Potenz nicht in jener Weise, wie Thomas, vom Wesen der Seele ab, muss also mit der intellectiven Thätigkeit der Seele auch diese selber, soweit sie Intellect ist, über das Sein im Leibe hinausrücken, so dass sie als Intellect nicht wahrhaft und eigentlich, sondern nur accidentieller Weise im Leibe ist,[1] obschon sie als Wesensform ganz im Leibe ist. Von einem Sein der Seele in Materia kann bei Duns Scotus schon desshalb keine Rede sein, weil er dem Leibe eine besondere Wesensform zuschreibt, die vom seelischen Formprincipe des Menschenwesens unterschieden ist; er kann also nur von einem Sein der Seele in corpore sprechen. Dieses Esse in corpore wird aber von Duns Scotus, soweit es sich auf die Seele als Substantialform bezieht, eben so entschieden, wie von Thomas ausgesagt,[2] wie es nicht anders möglich ist, wenn die anima sensibilis, die an sich nur eine begriffliche Abstraction ist, als eine Realität genommen, und mit der anima intellectiva in Ein Wesen zusammengeflossen gedacht wird. So schwankt und oscillirt also bei Duns Scotus die Auffassung des Seelenwesens zwischen einem Esse in corpore und Esse extra corpus; für die Seele als Intellectivpotenz ist das Esse in corpore etwas Accidentelles, für die Seele als Wesensform etwas so Wesentliches, dass sie in keinerlei Weise ausserhalb des Körpers seiend gedacht werden kann. Kein Zweifel, dass hier zwei einander widerstrebende Auffassungen des Seelenwesens mit einander vereiniget sind; nach der einen Seite wird es mit den Engelwesen in Eine Kategorie gestellt, und zu einer subordinirten Species derselben gemacht, nach der anderen Seite aber, wenn auch nicht dem Worte, so doch der Sache nach als am Leibe haftend gedacht — ein Beweis, dass das richtige und wahre Verhältniss zwischen Seele und Leib nicht gefunden ist. Der unvermittelte Gegensatz zwischen Esse in corpore und Esse extra corpus ist in dem Gedanken eines Esse supra corpus aufzuheben, womit sich sodann auch die Möglichkeit eines innigsten Zusammenseins mit dem Leibe ergibt, was sich analogischer Weise durch das Verhältniss Gottes zur Welt verdeutlichen lässt, der weil absolut über den Geschöpfen seiend, allen innigst nahe, ja das Innerste der Geschöpfe, soweit sie wirklich und in dem Grade als sie wirklich sind — das absolute Centrum der Welt ist. Wie aber Gott nur vermöge der absoluten Fülle seines selbsteigenen Seins und Lebens schlechthin über der Welt ist, und zufolge dieses seines absoluten Seins über Allem auch Allem innigst nahe sein kann, so muss auch im Seelenwesen eine wenigstens potentiell enthaltene Fülle immanenten Seins- und Lebensgehaltes vorausgesetzt werden, welche es schlechthin über die ihr eignende sinnliche Leiblichkeit stellt und durchgreifend von derselben scheidet, aber eben desshalb auch zu einer in ihrer Art innerlichsten Fassung und geistigen Umgreifung desselben befähiget. Dass der Begriff der anima sensibilis nicht das geeignete Mittelglied zur Anbahnung eines richtigen Verständnisses des Zusammenseins und relativen Ineinanderseins von Geist und Leib abgibt, hat sich uns schon sattsam gezeigt; was in den Begriff der anima sensibilis

---

[1] Anima considerari potest, ut habet respectum ad operationem intellectualem seu voluntariam; et tunc cum ipso respectu ipsa substantia animae est potentia intellectiva. Accipiendo animam secundum hanc considerationem non est per se nec in toto corpore nec in aliqua parte, est tamen per accidens scil. per substantiam, cum qua realiter idem est, in toto et in qualibet ejus parte .... Ergo eadem res simul est corpori unita et non unita, quia cum potentia realiter sit idem quod substantia animae, sicut anima quamdiu est in corpore, est ei unita, sic potentia realiter, ut est res absoluta, semper est corpori unita, sed secundum quod recipit rationem respectus seu potentiae intellectivae, ratione illius non est unita corpori. Rer. princip. qu. 12, art. 3.

[2] Anima .... ut unitur corpori in ratione formae substantialis, dans ei esse simpliciter, est tota in toto et in qualibet parte aequaliter et uniformiter in omnibus partibus tam organicis quam non organicis. Rer. princip. qu. 12, art. 3.

hineingelegt wird, vertheilt sich in der auf das Concrete gehenden Betrachtung des Menschenwesens derart auf die Constituenten desselben, dass in dieser Vertheilung die anima sensibilis als besonderes Esse völlig disparirt.

Duns Scotus lässt die Wesenheit der Seele ganz in den Leib versenkt sein, und deducirt diese seine Ansicht merkwürdig genug aus der Einfachheit der Seele,[1] die er als eine entfernte Aehnlichkeit mit der Einfachheit und Einheit des göttlichen Wesens auffasst, jedoch so, dass sie unendlich weit von derselben absteht.[2] Duns Scotus hat wohl nicht bedacht, dass die abstract negative Bestimmung des Abstandes der Creatur von Gott als eines unendlichen Abstandes unter der Hand in ihr Gegentheil umschlägt, und darum unzureichend, wo nicht völlig unbrauchbar ist. Kein wirklich Seiendes steht als Seiendes unendlich weit von Gott ab; welche Bezeichnung müsste man denn für diesen Fall für den Abstand des Nichts von Gott wählen, aus welchem Gott das, was nicht war, zum Sein emporgezogen hat? Uebrigens ist diese Verhältnissbestimmung des Abstandes der Seele von Gott für die scotistische Auffassung des Seelenwesens bezeichnend genug, und zeigt überhaupt, bis zu welchem Grade sich der Formbegriff der speculativen Scholastik sich bei ihm bereits abgeschwächt hat. Gemäss seiner Auffassungsweise umgreift keine geschöpfliche Wesensform dasjenige, dessen Form sie ist; also ist auch keine geschöpfliche Form eine relative Nachbildung des göttlichen Seins als des allumgreifenden, und auch die intellective Menschenseele vermag den so engen Bereich, in welchen sie als Formprincip des sinnlich-leiblichen Menschenwesens gewiesen ist, nicht formmächtig zu umgreifen. Also haftet sie am Leibe, und ist in Bezug auf ihre immanente Lebensentfaltung in reinnatürlicher Ordnung ganz und gar auf die stoffliche Füllung ihres intellectiven Lebens durch die sinnlich-irdische Erfahrung angewiesen; an die Stelle der seelischen Innerlichkeit tritt die Memoria als Aufbewahrungsort der von der Seele recipirten Species der Sinnendinge. Dass die Seele als absoluter, d. i. höchster und abschliessender Actus der geformten Materie alle Formen derselben wesenhaft in sich aufgehoben tragen und demzufolge auch unter den entsprechenden sollicitirenden Anlässen aus sich selbst hervorstellen können müsse, liesse sich wohl aus dem thomistischen Seelenbegriffe folgern, kann aber vom Standpunkte der scotistischen Doctrin nicht mehr zugegeben werden, weil sich dem Denken des Duns Scotus ein ganz anderer Begriff der Materia prima unterschob, welcher eine derartige Folgerung ausschliesst. Die scotistische Materia primo-prima recipirt nicht Wesensbestimmungen, sondern Seinsbestimmungen; die Materia secundo-prima ist bereits etwas so Determinirtes, dass die Seele als eine von ihr verschiedene Seins- und Wesensdetermination nicht mehr in jenes Verhältniss unmittelbarer Einigung mit ihr treten kann, welches sich nach thomistischer Anschauung in der Einigung der Seele mit dem Leibe vollzieht. Die Seele ist nach Duns Scotus nicht mehr unmittelbarer Actus der sinnlichen Stofflichkeit, kann demnach auch nicht alle Formationen und Formabilitäten derselben unmittelbar in sich selber aufgehoben tragen, also auch nicht denkend aus sich selbst heraussetzen. Sie kann die Species der Dinge nicht, wie Thomas will,

---

[1] Anima et omnis creatura habet limitatos et determinatos et certos limites substantiae, intra quos habet esse, extra quos non potest esse. Jam enim si extra limites naturae suae esset, ibi terminus non esset. Nunc autem cum anima sit simplex, dum est in corpore, necessario est ibi tota; ubi autem aliqua res est tota, necessario sunt ibi termini. Ergo anima cum suis terminis necessariis intra corpus continetur. Rer. princip. qu. 12, art. 1.

[2] Simplicitas animae est simplicitas cujusdam actualitatis secundum quamdam similitudinem ac actualitatem divinam, quamvis distet in infinitum. Rer. princip. qu. 12, art. 3.

denkend in sich activiren, sie kann dieselben einfach nur recipiren; der Intellect als Recipient und Bewahrer jener Species — das ist eben die Memoria.

Duns Scotus liebt es, sich auf die Auctorität des heiligen Augustinus zu stützen, und sieht sich, Thomas und anderen von ihm bekämpften Gegnern gegenüber als denjenigen an, welcher dieser Auctorität am nächsten stehe. So auch in der Frage über das Wesen der Memoria. Da er aber in der nach Augustins Vorgange angenommenen Dreiheit der intellectiven Seelenvermögen: Memoria, Intellectus, Voluntas, eine Nachbildung der göttlichen Dreieinheit im menschlichen Seelenwesen erblickt, so ist hier ein Blick auf seine Auffassung des trinitarischen Processes in Gott zu werfen, der in der Entfaltung der Vermögensdreiheit der intellectiven Menschenseele sein Nachbild haben, und speciell die Bedeutung der intellectiven Memoria des Menschen ans Licht stellen soll. Da ist nun vor Allem zu erinnern, dass die ternare Selbstentfaltung des göttlichen Wesens für Duns Scotus zunächst nur Gegenstand des gläubigen Wissens ist, und das natürliche Vernunftdenken nachträglich, unter Verzicht auf einen Einblick in das innere Wesen der Sache, nur daran gehen könne, die Denkmöglichkeit des Geglaubten zu erweisen. Die Anknüpfungspunkte hiefür bieten sich im Begriffe der göttlichen Wesenheit als einer denkenden und wollenden Substanz, ferner im Begriffe derselben als einer mittheilsamen Wesenheit. Die absolute Selbstmittheilung Gottes kann nur innerhalb der göttlichen Wesenheit selber statthaben, und involvirt eine Unterschiedenheit zwischen Principiirendem und Principiirtem; zufolge der Zweiheit der geistigen Lebensacte: Erkennen und Wollen, kann dieses Verhältniss zwischen Principiirendem und Principiirtem zweifach in Gott vorkommen.[1] Die erste Principiation wird die Originirung oder Hervorstellung des göttlichen Selbstgedankens, die zweite die Selbsthervorstellung der absoluten Liebe Gottes zu sich selbst als Product setzen. Der Selbstgedanke Gottes, der einen sich selber Denkenden als erstes Suppositum involvirt, tritt demselben in einem zweiten Suppositum als die absolute Wirklichkeit des Gedachten gegenüber, und eben so die in Beiden essentiell präsente absolute Liebe Gottes zu sich selbst beiden Suppositis als ein Drittes, das die absolute göttliche Wirklichkeit dieser Liebe ist. Den drei Suppositis, in welchen das denkende und wollende göttliche Sein west, entsprechen in der menschlichen Seele nach Augustinus: Mens, Notitia, Amor — oder auch Memoria, Intelligentia, Amor. Das erste der drei Momente: Mens oder Memoria verhält sich als perfecter Actus primus zu den in den beiden folgenden Momenten dargestellten actibus secundis oder actuellen Bethätigungen der in der Mens oder Memoria gegebenen Vermöglichkeit, und bildet in dieser Beziehung die göttliche Foecunditas ad gignendum et spirandum (die zur Hervorbringung des Sohnes und Geistes disponirte Lebensfülle Gottes) nach. Hiebei ist noch zu bemerken, dass der erste der beiden psychologischen Ternare: Mens, Notitia, Amor das dreieine göttliche Sein vorherrschend unter dem Gesichtspunkte der Dreiheit, der zweite Ternar: Memoria, Intelligentia, Amor vorwiegend unter dem Gesichtspunkte der Einheit nachbildet. Denn Memoria, Intelligentia, Amor sind Perfectionen der Einen intellectiven Seele,[2] die, soweit sie das zu erkennende Object als intelligibles in sich hegt und dadurch zum actuellen Erkennen disponirt ist, Memoria heisst, und zwar Memoria perfecta, weil sie als memoria in actu primo perfecta sowohl den Intellect als auch das

---

[1] In divinis est aliquid plene fecundum .... et hoc habet duo principia quantum ad notitiam producendam et amorem. 1 dist. 3, qu. 7 (Op. Paris.).
[2] 1 dist. 3, qu. 9.

Bild des zu verstehenden Gegenstandes in sich fasst. Dieselbe Eine Seele heisst weiter Intelligentia, sofern sie die in ihr erzeugte Erkenntniss in sich recipirt, und Intelligentia perfecta, sofern sie in die Erkenntniss actuell ganz vertieft ist. Sie ist und heisst endlich auch Voluntas oder Amor als actuell wollende, und vollkommener Wille sub actu perfecto volendi. Obschon Duns Scotus in dem Ternar Mens, Notitia, Amor eine deutlichere Nachbildung der Dreiheit in der göttlichen Einheit findet, entscheidet er sich doch auf Augustins Ansehen hin dafür, in dem zweiten Ternar: Memoria, Intellectus, Voluntas ein der Sache näher kommendes, so zu sagen innerlicheres und realeres Bild der göttlichen Dreieinheit zu sehen, was ihn aber freilich nur dahin führt, sich in seiner Ansicht von der Inadäquatheit unseres zeitlichen Vernunfterkennens in Bezug auf die dem gläubigen Denken angehörigen Dinge zu bestärken. Denn die innerlicher gefasste Nachbildung der göttlichen Dreieinheit bringe gerade den Grundgedanken der göttlichen Dreieinheit, die Foecunditas ad gignendum et spirandum, in defecterer Weise zum Ausdruck; wenn man von der Mens sagen könne, sie sei zur Production der Intellection und Wollung disponirt, so lasse sich die Memoria nur als Erzeugerin der Intellection auffassen, und bloss die Ordnung in der Aufeinanderfolge von Memoria, Intellectus und Amor entspreche noch dem im kirchlichen Symbolum ausgesprochenen Aufeinander der drei göttlichen Personen. Hier muss nun wohl erinnert werden, dass eine tiefere Fassung der menschlichen Memoria dahin führen möchte, nicht bloss die Aufeinanderfolge der drei Hypotasen des göttlichen Seins, sondern auch das Ordnungsverhältniss der immanenten Hervorgänge des göttlichen Lebens im menschlichen Seelenwesen nachgebildet zu sehen. Die menschliche Innerlichkeit in ihrer unmittelbaren, noch nicht entwickelten Gegebenheit ist als Herz zu fassen, welchem als Grundansatz der Selbstigkeit und Persönlichkeit des seelischen Geistmenschen bereits ein Denken und Wollen zukommt; wie nun diesem inneren Kerne der Persönlichkeit das selbstige Geistleben als eine von der Sphäre des unmittelbaren Gemüthlebens sich sondernde Sphäre entsteigt, so entwickelt sich aus beiden heraus als eine gesonderte und in sich geschlossene dritte Sphäre jene der menschlichen Willensthätigkeit, die naturgemäss gleich sehr durch Herz und Geist beeinflusst und bestimmt ist, und die im Geistleben aufgeschlossene und entfaltete Innerlichkeit des Menschen wieder in den urhaften selbstigen Grund des menschlichen Denkens und Wollens zurückvermittelt. So haben wir in dem dreieinen Innenleben des Menschen in der That eine anthropologische Nachbildung der durch den christlichen Glauben gelehrten immanenten Wesens- und Lebensverhältnisse Gottes, nur freilich in der Art, dass in der geschöpflichen Nachbildung sich zugleich die gerade im Menschenwesen zum specifischen Ausdrucke gekommene Gegenbildlichkeit des göttlichen Seins darstellt, indem die das dreieine Sein und Leben nachahmende Selbstformation des inneren Seelenmenschen aus einem ursprünglich unentwickelten Lebensansatze heraus sich vollführt, während die immanente Lebensentfaltung Gottes aus dem Lebensgrunde der absoluten Geistigkeit heraus sich vollzieht, also nur den Selbstaufschluss und die Selbstvermittelung des sich selber absolut lichten und absolut vollendeten Seins bedeuten kann. Wir würden also hier auf die im Geiste des thomistischen Gottesbegriffes gelegene Auffassung des trinitarischen Processes als absoluter Selbstformirung des göttlichen Seins, das seiner Idee nach die absolute Form und Urform der Dinge ist, hingeführt, und es erschiene hiemit der Begriff der in sich subsistirenden Form, die ihrer Natur nach etwas Actuoses und Lebendiges ist, aus der Kategorie der Substantialität in jene der activen Lebendigkeit umgesetzt, und der göttliche Ternar als die absolute Lebensform des göttlichen Urseins, deren nähere Bestimmungen aber freilich erstlich noch weiter mit der Idee Gottes als der absoluten Wirklichkeit und als der absoluten Geistigkeit näher zu vermitteln wären, um eine dem Geiste des kirchlichen Bekenntnisses congruente speculative Erklärung des Mysteriums der göttlichen Dreieinheit anzubahnen.

Hievon jedoch soll und kann an dieser Stelle nicht die Rede sein. Die Frage ist vielmehr nur diese: Hat Duns Scotus den Tief- und Vollgehalt der Augustinischen Memoria erschöpft, hat er überhaupt einen adäquaten Begriff derselben ans Licht gestellt? Sein Sträuben[1] gegen eine Identification der Memoria mit der Mens, dem ihr entsprechenden Correlate in dem ersten der angeführten beiden psychologischen Ternare Augustins gibt zu erkennen, dass er den in der Augustinischen Memoria enthaltenen Vollbegriff der menschlichen Innerlichkeit nicht hat; er findet ihn desshalb auch in der Mens nicht enthalten, sofern er diese nur von Seite eines rein gegenständlichen Erkennens und Wollens ins Auge fasst, daher er dann auch die Gottesbildlichkeit der Seele von gegenständlichen Beziehungen abhängig zu machen sich bewogen fühlt. Die Seele kann sich selbst, oder das was unter ihr ist, oder endlich was über ihr ist, nämlich Gott zum Gegenstande ihres Denkens und Wollens haben. Im Denken und Wollen der Sinnendinge tritt gar keine Gottesbildlichkeit der Seele hervor, vollkommen tritt sie hervor in der Richtung des Denkens und Wollens der Seele auf Gott, weil da Intellect und Wille sich actuell Gott conformiren. So weit Gedanke und Wille die eigene Seele zum Objecte haben, kann von einer Nachbildung des göttlichen Seins die Rede sein, weil da Gott, obschon nicht unmittelbares Object, so doch mittelbar Object ist, sofern er nämlich in der Seele wie in seinem Bilde erkannt wird. Hier fliesst augenscheinlich der Gedanke der actuellen Verähnlichung mit Gott zusammen mit dem Gedanken der Gottesbildlichkeit, die unmittelbar mit dem Wesen der Seele gegeben ist; und wir müssen wohl annehmen, dass Duns Scotus auf letztere absichtlich nicht reflectirt, weil für ihn die Gottesbildlichkeit der Menschenseele als Vernunftwahrheit nicht strenge erweislich ist und demzufolge nur als Glaubenswahrheit Geltung hat. Sie kann aber auch als Vernunftwahrheit für ihn keine Bedeutung haben, weil ihm der vollinhaltliche Begriff des Seelenwesens fehlt, aus welchem der Gedanke der mit dem Wesen der Seele selber schon gegebenen Gottesbildlichkeit sich zu bewahrheiten hat. Er bemerkt wohl gegen Thomas, dass Gott auch abgesehen von seiner Dreipersönlichkeit als Gott, d. i. als Welturheber, gedacht werden müsse;[2] er lässt aber umgekehrt von der Seele nicht gelten, dass ihre Gottesbildlichkeit ohne Beziehung auf die göttliche Dreieinigkeit gedacht werden könne,[3] obschon sie ihm, wie er weiter hervorhebt, mehr die Einheit in der Dreiheit, als die Dreiheit in der Einheit nachgebildet erscheinen lässt.[4] Seine Ablehnung des speculativen Formbegriffes machte ihm eine vom christlichen Glaubensbewusstsein unabhängige Anerkennung der Gottesbildlichkeit der Seele unmöglich; so wie für ihn der Gedanke Gottes als der absoluten Form der Dinge keine Wahrheit hatte, konnte für ihn auch der Gedanke

---

[1] Vgl. 1 dist. 3, qu. 9, n. 5.
[2] Deitas prius est in se aliquo modo, quam intelligatur esse in persona, quia Deitas ut Deitas est per se esse. 1 dist. 7.
[3] Ratio imaginis, quam nos concipimus, fundatur in anima in respectu ad Deum, ut est trinus, et ideo non cognoscitur naturaliter. 1 dist. 1, qu. 1.
[4] Anima minus est repraesentativa Trinitatis personarum, quam unitatis essentiae. Unde ut in potentiis repraesentat unitatem; sed ut in actibus repraesentat talem distinctionem. 2 dist. 15 (Op. Paris.).

einer geschöpflichen Nachbildung dieser Form keine Wahrheit haben; der Gedanke von der Seele als Formwesen hat in seinem Denken eine von der thomistischen Auffassung völlig verschiedene Gestalt. Von einem immanenten Wesens- und Lebensgehalte der intellectiven Menschenseele ist allerdings auch in der Thomistik nicht die Rede, aber der thomistische Seelenbegriff schliesst die Anerkennung eines solchen Wesens- und Lebensgehaltes in sich; der scotistische Seelenbegriff hingegen schliesst dieselbe aus. Daher muss Duns Scotus das Wesen der himmlischen Seligkeit der Seele specifisch in die Fruitio setzen, während sie Thomas specifisch und primär in die intellectuelle Visio setzt, welche echt geistig als höchstgesteigerte intellective Thätigkeit verstanden, doch nur in der continuirlichen activen Reproduction der im Lichte der göttlichen Klarheit erkannten Ideen der Dinge, in der activen geistigen Reproduction und schöpferischen Nachbildung alles in Gott Erkannten aus der innersten Tiefe der in Gott eingerückten Seele heraus verstanden werden kann. Was aber die gottbeseligte Seele actuell übt, muss dem Vermögen nach in ihr liegen; sie muss demnach eine Tiefe, und in dieser Tiefe einen Wesensgehalt in sich schliessen, der sie zur intellectiven Reproduction alles Denkbaren und Wirklichen aus sich heraus befähiget; diess ist aber nur unter der Voraussetzung möglich, dass sie gleich Gott, obschon in begränzter Weise, ein lebendiges Totum, oder um in thomistischer Weise zu sprechen, eine ihrer Idee nach universelle Wesenheit sei, nur dass in derselben nicht bloss, wie in der Thomistik der Fall ist, die intellective Tendenz zur Apprehension des Universellen, sondern das Universale als ein in der Seele Wesendes oder die Seele als wesendes Universale, d. h. der Substanzgehalt der Seele ins Auge gefasst werden muss — ein Gesichtspunkt, welcher sich der bloss auf die analytische Zergliederung der Seelenvermögen gerichteten Betrachtung der speculativen Thomistik völlig entzogen hat. Auch hat sie die ‚Vermögen' der Seele nicht aus der Idee der Seele deducirt, sondern in rein empiristischer Weise als etwas an der Seele Vorhandenes, als ‚Accidenzen' derselben aufgewiesen, wobei es selbstverständlich nicht zu einem Eingehen auf das Wesen der Seele kommen konnte, vielmehr dieses als etwas von seinen Accidenzen Abgetrenntes in das Dunkel unerforschter Verborgenheit zurücktrat. Duns Scotus, welcher ‚Vermögen' und ‚Wesen' der Seele in engere Verbindung mit einander brachte, schien damit wohl auch das Ansichseiende an der Seele näher ans Licht ziehen zu wollen; aber dieses Ansichseiende derselben entzog sich ihm andererseits wieder durch Abschwächung des geistigen Gehaltes des Formcharakters der Seele, der ihm augenscheinlich in der Thomistik zu naturalistisch gefasst zu sein schien; indem er sie zur wahren Selbstigkeit ihres Denkens und Wollens zu erheben trachtete, beraubte er sie des von ihm nicht geahnten Vollgehaltes dieser Selbstigkeit, den sie, wie Thomas richtig erkannte, in dieser irdischen Zeitlichkeit allerdings nur in der innigsten Vereinigung mit der ihr eignenden sinnlichen Leiblichkeit, d. i. plastisch bildendes Formwesen, zur Erscheinung bringen kann. Alle Erscheinungen auf dem Gebiete des weltlichen Culturlebens geben hiefür Zeugniss; Kunst, Recht, Staat, sociale Bildungen tragen in ihren mannigfaltigst modificirten geschichtlichen Erscheinungsarten den Charakter von Verleiblichungen ideeller Seelenstrebungen an sich; die irdisch-zeitlichen Culturideale der Menschheit haben ihre Realität nur in der, der geistig appercipirten Idee mehr oder weniger congruirenden Gestaltung der zeitlich-irdischen Wirklichkeit, und bekunden hiemit durch sich selber, dass das absolute, von der sinnlich-irdischen Erfahrungswelt unabhängige Ideal, in dessen Verwirklichung die Seele ihren selbsteigenen immanenten Lebensgehalt vollkommen actualisirt, ausser und über der zeitlichen Wirklichkeit liegt. Das seiner Zeit unmittelbar noch in der kirchlichen Theologie aufgehende mittelalterliche Denken kannte kein anderes Culturideal als die sittliche Selbstgestaltung des Menschen oder die Bildung desselben zum Christen; ging ihm aller Idealgehalt des Denkens in der auf die Bildung des Menschen zum Christen gerichteten Thätigkeit auf, so konnten ihm die erst auf Grund der durchgeführten christlichen Sittigung möglich gewordenen Bildungsideale noch nicht ins Bewusstsein treten; also nicht dasjenige, was der Möglichkeit nach in dem durch die christlich humane Sittigung umgebildeten Menschen liegt. Umgekehrt aber musste das successive Hervortreten der auf Grund dieser Sittigung vor sich gehenden Culturthätigkeit nothwendig dazu führen, auf das im Menschen der Anlage nach Liegende zu advertiren, und sich auch der in der Culturarbeit der Jahrhunderte sich verwirklichenden Strebeziele als angestammter Ziele des intellectiven Menschheitsdenkens bewusst zu werden, somit auch einen angestammten Idealgehalt des menschlichen Denkens anzuerkennen, der im Wesen der menschlichen Seele als subsistenter lebendiger Bildungsform der zeitlich-irdischen Wirklichkeit hinterlegt sein muss, weil er sich sonst im Culturleben der gesitteten Menschheit nicht hätte zum Ausdruck bringen können. In dieser Weise also nöthigte die fortschreitende Zeitbildung zu einer tieferen Fassung des aus den mittelalterlichen Schulen überlieferten Seelenbegriffes, und wir nehmen nicht Anstand, den thomistischen Seelenbegriff als den einer solchen Vertiefung wirklich fähigen Begriff zu bezeichnen. Er wurde in seiner Versetzung mit einem empiristischen Realismus zum Gegenstande einer berechtigten Kritik durch Duns Scotus; aber diese Kritik hatte zunächst und unmittelbar nur den Werth einer berechtigten Negation, der Andeutung von Mängeln und Unvollkommenheiten, an deren Stelle jedoch, soweit es sich um tiefere Fassung des Seelenbegriffes handelte, bei Duns Scotus grössere und augenfälligere traten.

Kehren wir zur Memoria zurück, deren völlig unbefriedigende Auffassung von Seite des Duns Scotus wir bereits wiederholt betont haben. Bei Thomas bedeutet die Memoria intellectiva den Intellectus possibilis, in dessen Gestalt die potentielle Seeleninnerlichkeit wenigstens einiger Massen zur Anerkennung gelangt.[1] Duns Scotus, der die thomistische Abscheidung des Intellectus possibilis vom Intellectus agens verwirft, nimmt die intellective Memoria einfach für den Intellect selber; und da dieser zur Erwerbung von Erkenntnissen der concreten Wirklichkeit ausschliesslich auf die Erfahrung angewiesen ist, so ist die bei Thomas für die weitere Fortbildung seines Seelenbegriffes wenigstens als möglich offen gelassene Vertiefung des Seelenwesens in sich selbst zur Erhebung eines tiefer dringenden Verständnisses der gegenständlichen Wirklichkeit in der scotistischen Doctrin unbedingt ausgeschlossen, also der peripatetische Seelenbegriff in speculativer Beziehung völlig steril gemacht. Ohne den vom Intellecte als solchem unterschiedene Memoria der Seele gibt es keine Vertiefung des Seelenwesens in sich selbst, also auch keine Erhebung eines tieferen Verständnisses der Dinge aus der Tiefe der Seele. Thomas supplirt den in dieser Beziehung zu bemängelnden Defect seines Seelenbegriffes dadurch, dass er den animis separatis Species früher ungekannter Dinge durch Gott eingeströmt werden lässt;[2] es ist diess eine Anschauungsweise, die später, da

---

[1] Intellectus possibilis est, quo est omnia fieri. I qu. 79, art. 7.
[2] I qu. 89, artt. 4 u. 7.

man die eigenartige thomistische Auseinanderhaltung diesseitigen und jenseitigen Erkennens fallen liess, in die Lehre von den angebornen Ideen umgebildet wurde. Die Opposition, welche Duns Scotus gegen die von Thomas als möglich zugelassene Einströmung neuer Species in die vom Leibe geschiedenen Seelen erhebt,[1] stützt sich auf die Verwerfung der thomistischen Auffassung des Intellectus possibilis oder jener potentiellen Seeleninnerlichkeit, deren productives Bildungsvermögen Thomas freilich noch nicht kennt — und überträgt den Empirismus des zeitlich-irdischen Erkennens auch in das Sein der vom Leibe abgeschiedenen Seele.[2] Demzufolge dürfen wir uns nicht wundern, wenn auch der Seligkeitsstand der Seele nicht als ein geistiges Schöpfen aus der Tiefe Gottes, oder was damit gleichbedeutend ist, aus der innersten Tiefe der in Gott eingerückten Seele erkannt wird. Noch weniger erscheint er, worin doch eigentlich das Wesen des seligen Seins gipfeln muss, als ungehemmtes geistiges Nachbilden des freischöpferischen göttlichen Wirkens aus der Tiefe eines zum absoluten Freisein erhobenen Selbstseins. Dass Duns Scotus trotz seiner Betonung des Freiseins als specifischer Wesensform des intellectiven Seelenwesens diesen Gedanken des Seligseins nicht zu erreichen vermochte, mag eben wieder zum Belege dafür dienen, dass ihm der Vollbegriff des activen Seelenwesens völlig abging; er lässt das Seligsein in der absoluten Relation zu Gott aufgehen, und setzt das Wesen desselben in den Actus fruitionis, den er als Act des reinsten, in Gott vollkommen geklärten Liebewillens, des zum reinsten Wollen vergeistigten Seelenbegehrens fasst. Damit ist aber im Grunde nichts anderes gesagt, als dass der Seligkeitsstand unserem Denken und Begreifen vollkommen entrückt ist, und dass wir von demselben keine andere Vorstellung, als jene unserer absoluten übersittlichen Vollendung haben. Dass dieser übersittliche Vollendungsstand in der ungehemmten activen Heraussetzung alles Besten und Höchsten, was der zeitliche Erdenmensch in seinem auf das Ewige gerichteten Denken und Wollen anstrebt, bestehen müsse, dass der Act dieser ungehemmten Heraussetzung auf Alles, was der Gesammtgeist der Menschheit in jedem Einzelnen und der Einzelne in seiner solidarischen Verschlungenheit mit der Gesammtheit als Höchstes anstrebt, sich beziehen müsse, ist ein dem Duns Scotus fremder Gedanke, und diess um so mehr, da sein Grundbegriff von Gott als dem unendlichen Sein eine absolute Ueberwältigung des menschlichen Intellectes in der Vereinigung der Seele mit Gott involvirt, die nur das entzückte Gefühl des individuellen Beglücktseins übrig lässt, möglicher Weise aber auch ein seliges Ersterben und Untergehen im Unendlichen bedeuten könnte. In der That ist Duns Scotus redlich genug zu bekennen, dass von seinem Denkstandpunkte aus der Gedanke des Seligseins in Gott durch sich selber nicht auch schon eine ewige Dauer des Seligseins involvire;[3] womit wohl nichts anderes gesagt ist, als dass Duns Scotus zum Gedanken des ewigen Geistes sich nicht erhoben habe. Von Thomas darf man sagen, dass er den Gedanken des ewigen Seins in Gott erfasst habe, welches er die Seele in der intellectuellen Apprehension der göttlichen Wesenheit ergreifen lässt; gleichwohl bringt es der Charakter seiner vorwiegend gegenständlichen Denkauffassung mit sich, dass auch er das Wesen des Seligseins nur nach dem ver-

---

[1] 2 dist. 2, quaestt. 10 et 11 (Op. Oxon.) — 4 dist. 45, qu. 2 (Op. Paris.)
[2] Potest intellectus separatus intuitivam notitiam acquirere a rebus extra. Non est minus proportionata res ut existens est intellectui separato quam sit quidditas ejus. Unde credo, quod omnium illorum, quae sunt sibi propinqua in proportionata distantia, potest intelligere, non autem illa, quae sunt in distantia non proportionata intellectui separato. 4 dist. 45, qu. 2.
[3] Unde igitur haec perpetuitas? Dico quod sola causa est voluntas divina, quae sicut disposuit hominem beatificare ultima perfectione intensiva, ita et ultima perfectione extensiva. 4 dist. 49, qu. 5 (Op. Paris.).

ursachenden Gegenstande desselben zu bestimmen weiss. Er setzt das Wesen des Seligseins in die beata visio, die er allerdings als Act des schauenden Subjectes in einer höchstgesteigerten, absolut vollendeten intellectiven Thätigkeit desselben bestehen lässt. Aber den Inhalt und Vollgehalt dieser Thätigkeit weiss er eben so wenig als Duns Scotus anzugeben, und zwar aus dem Grunde, weil er das Seligsein nicht wie Duns Scotus als übersittlichen Vollendungsstand fasst, dessen Wesen in der activen ungehemmten Production alles im zeitlich unvollendeten Menschensein angestrebten Edelsten und Höchsten besteht. Thomas geht davon aus, dass die intellective Seele als reines Formwesen und universelle Essenz auf das Universellste gehe, und nur in lebendiger Ergreifung desselben ihre absolute Befriedigung finden könne. Diess ist ganz richtig, aber es ist nicht Alles: sie muss als lebendiges Sein sich selbst in jenem höchsten und universalsten Sein fassen und ergreifen, und in der perpetuirlich activen Heraussetzung des durch jene Ergreifung Errungenen aus der Tiefe ihres Selbst besteht ihr Seligsein, das zufolge ihrer Einrückung in ihren absoluten Lebensgrund endlos und ewig sein muss. Der Meinungsgegensatz zwischen Scotus und Thomas in Betreff der Seligkeit führt uns auf das Gebiet der Thelematologie hinüber. Thomas sieht das absolute Object des menschlichen Begehrens schlechthin ausserhalb der Seele; es ist kein geringeres als Gott selber. Duns Scotus kann diess nicht in Abrede stellen, gibt aber nicht zu, dass dieses absolute Ziel im intellectiven Anschauen ergriffen wird, weil es ihm unfassbar ist, dass hiedurch Gott der Seele sollte zu eigen werden können; also muss das absolute Ziel mittelst des Willens ergriffen werden, und die absolute Erreichung desselben muss sich in einer Weise vollziehen, zufolge welcher das Object des Begehrens der Seele innerlich eigen wird. Diess ist die Charitas als absolute Vollendung des sittlichen Willens, die zugleich beweist, dass das menschliche Begehren auch ein immanentes höchstes Ziel seiner Strebethätigkeit habe, nämlich seine eigene Vollkommenheit. Diesen Punkt zu betonen, liegt vollkommen im Geiste der scotistischen Doctrin; je weniger Gott in seiner objectiven unendlichen Realität der Seele zu eigen werden kann, desto mehr muss die Befriedigung in dem Besitze der höchsten Willensvollkommenheit gesucht werden, die mit göttlicher Hilfe erreicht werden kann. Unter diesem vollkommenen Willen kann selbstverständlich nur der freie sittliche Wille verstanden werden, der sich aber freilich unter der Hand in einen affectiven Willen umsetzt, weil er nur unter dieser Gestalt und Fassung die Charitas zur lebendigen Form haben kann. Erleichtert wird Scotus diese Umsetzung dadurch, dass er die Vermögen der Seele in einen engeren Connex mit dem Wesen der Seele bringt als Thomas, und demnach in der Charitas die Seele selber unter der Formbestimmtheit des vollkommenen sittlichen Willens erkennt. Da aber der Liebeswille ein freier Wille ist, so muss er durch Gründe bestimmt sein; als solche Gründe erkennt Duns Scotus diese, dass Gott an sich und auch für uns das höchste und vollkommenste Gut ist. Von einem angebornen instinctiven Zuge der menschlichen Seele zu Gott als ihrem absoluten Objecte weiss Duns Scotus nichts; er kann daher auch das Wesen der Seligkeit nicht mit Thomas in die beata visio als solche setzen, die ihm nur die causa materialis der Seligkeit ist, stimmt aber mit Thomas darin überein, dass das Seligsein wesentlich im Thätigsein bestehe, sofern die Vereinigung mit dem seligmachenden absoluten Gute ohne eine solche Thätigkeit sich nicht vollziehen lasse.[1]

---

[1] Quilibet actus primus ordinatur ad attingendum suum finem optimum per operationem tanquam per medium finem, et sic sequitur, quod beatitudo sit in operatione, sive quod sit per operationem. 4 dist. 49, qu. 2 (Op. Paris.).

Nur lässt uns Duns Scotus darüber im Unklaren, wie wir uns diese Thätigkeit denken sollen. Die Fruitio, die nach ihm das förmliche Esse der Seligkeit constituirt, ist ihrem Wesen nach etwas Affectives; die Affection als Innewerden seliger Befriedigung setzt aber die Vereinigung mit dem seligmachenden Objecte als etwas bereits Vollzogenes voraus, und ist die aus dem erlangten Besitze des beseligenden Objectes resultirende Stimmung oder Disposition des Innern. Das Thätige oder Wirkende in Hervorbringung dieser Disposition kann doch nur Gott als objectum beatificum sein. Die Thätigkeit des Beseligten aber muss sich zur seligmachenden Thätigkeit Gottes als etwas Nachfolgendes verhalten, und kann keinen anderen Inhalt, als den einer continuirlichen lebendigen Auswirkung des durch Gott bewirkten Seligkeitsstandes haben. Von einem derartigen Thätigsein weiss indess Duns Scotus nichts; er weiss nur von einer Thätigkeit, durch welche die Seligkeit erworben wird, und welche nach Erwerbung derselben allerdings fortgesetzt wird, aber vor und nachher nur in der Auswirkung einer bestimmten geistigen Lebensstimmung und Willensdisposition besteht, die den Menschen der Vereinigung mit dem summum bonum werth macht. Aber eben, weil sie des Seligseins nur werth macht, setzt sie einen, von dem des Seligseins Würdigen verschiedenen Verleiher des Seligseins voraus, es wäre denn, dass Duns Scotus in der erworbenen Güte des sittlichen Willens selber schon den absoluten Lohn desselben erkennen wollte, was er aber selbstverständlich nicht zugibt und nicht zugeben kann. Eine active Aneignung des durch die sittliche Willensgüte verdienten absoluten Gutes kann, wie Thomas mit Recht hervorhebt, nur durch einen intellectiven Act vollzogen werden;[1] und er ist der scotistischen Doctrin gegenüber absolut im Rechte, wenn er die intellective Apprehension Gottes als die das Seligsein begründende Selbstthat des Menschen bezeichnet. Nur macht diese That nicht das Seligsein des Menschen selber aus; das Seligsein als solches besteht im ungehemmten Schaffen und Wirken der durch die intellective Apprehension der absoluten Realität in den Mittelpunkt ihres Seins und Wirkens versetzten Seele. Die absolute Innerung des intellectiv apprehendirten Gutes, worin Thomas das Esse der Seligkeit setzt, begründet wohl das Seligsein, macht aber nicht das Wesen derselben aus, welches doch wohl nur in der activen Auswirkung des gottgesetzten Seligkeitsstandes bestehen kann. An die Stelle des Thätigseins also, in welchem sowohl Thomas als auch Scotus ein wesentliches Moment des Seligkeitsbegriffes erkannten, hat das Selbstwirken als charakteristische Begriffsbestimmung des Seligseins zu treten; dieses Selbstwirken setzt aber einen immanenten Wesensgehalt der Seele voraus, der bei den rein gegenständlichen Beziehungen, unter welchen die peripatetische Scholastik die intellectiven Seelenthätigkeiten auffasste, nicht zur Geltung gelangen konnte. Daraus erklärt sich auch, wesshalb Thomas und Duns Scotus, trotzdem dass Beide das Thätigsein als ein wesentliches Moment des Seligseins ansahen, den Seligkeitsstand doch thatsächlich nur von Seite des in ihm statthabenden Empfangens und Erfahrens darstellen, sei es, dass er bei Thomas als der Zustand des in der Anschauung der ewigen Wahrheit absolut befriedigten

---

[1] Vgl. Thom. Aq. 2, 1. qu. 3, art. 4: Oportet aliquid aliud esse quam actum voluntatis, per quod fit finis ipse praesens voluntati. Et hoc manifeste apparet circa fines sensibiles. Si enim consequi pecuniam esset per actum voluntatis, statim a principio cupidus consecutus esset pecuniam, quando vult eam habere; sed a principio quidem est absens ei, consequitur autem ipsam per hoc, quod manu ipsam apprehendit, vel aliquo hujusmodi, et tunc jam delectatur in pecunia habita. Sic igitur et circa intelligibilem finem contingit. Die augenfällige Verwandtschaft des von Thomas gebrauchten Argumentes ad hominem mit jenem, welches Kant in seiner Kritik des ontologischen Beweises für Gottes Da-ein in Anwendung brachte, braucht nicht erst ausdrücklich bemerklich gemacht zu werden.

intellectiven Begehrens, oder wie bei Duns Scotus als reinste und geklärteste Gemüths- und Willenszuständlichkeit gefasst werde. Thomas hat aber vor Scotus voraus, dass er das Seligsein als reales Ergreifen der absoluten Wirklichkeit zu erweisen vermag; nur dass es bei ihm völlig in den Gedanken des Ergriffenseins von der absoluten Wirklichkeit umschlägt. Dasjenige, wodurch die absolute Wirklichkeit activ im Denken ergriffen wird, ist der Geist, das active Denk- und Willensprincip im Menschen, der die im intellectiven Schauen apprehendirte absolute Wirklichkeit dadurch sich zu eigen macht, dass er den gesammten Wesensgehalt der Seele in die dem erreichten Stande der Vollendung adäquirte Seins- und Lebensform umbildet, und sich als selbstiges Princip, als gottnachahmenden Schöpfer seiner eigenen, in Gott ergriffenen Daseinswirklichkeit setzt. Thomas bleibt beim Schauen Gottes stehen, verfolgt also die Entwickelung des sein absolutes Ziel anstrebenden Menschen nur bis dahin, wo der Moment des activen Ergreifens der absoluten Wirklichkeit eintritt; diesen Act lässt er den Geist nicht mehr vollziehen, weil er die Idee des Geistes selbst noch nicht hat. Uebrigens stellt er einen in seiner Art erhabensten und reinsten Begriff des Seligseins auf, wenn er dasselbe als absolute Befriedigung des instinctiven Urzuges der Seele zum Göttlichen auffasst. Duns Scotus substituirt diesem Urzuge ein Dictamen der Synderesis, die er gleich Thomas als einen der Seele ihrer Natur nach eignenden Habitus principiorum practicorum auffasst. Die unmittelbare Evidenz des Dictamen practicum: Summum bonum est diligendum, macht nach scotistischer Anschauungsweise jenen instinctiven Urzug überflüssig, weist aber zufolge der Nichtanerkennung oder Nichtbeachtung desselben[1] freilich nur auf die Perfection des sittlichen Willens als höchstes Strebeziel hin; der tiefwahre Gedanke der thomistischen Anschauungsweise, dass eben erst in Folge der intellectiven Ergreifung des Höchsten in seiner vollendeten Realität auch der sittliche Wille in seine absolute Perfection einrücken könne, kommt da nicht zu seinem Rechte. In erkenntnisstheoretischer Beziehung hat die scotistische Ablehnung des intellectiven Zusammenschlusses der Seele mit Gott als primären Momentes im Acte der seelischen Selbstvollendung die Bedeutung der Zerreissung des letzten, höchsten Haltes einer speculativen Erkennbarkeit der Dinge; Gott wird nicht als das Urwahre, sondern als das urnothwendige Beste begehrt, und im Erlangen dieses findet die Seele ihre absolute Befriedigung.

Zufolge seiner Anerkennung eines instinctiven Urzuges der Seele zu Gott als absolutem Complemente ihrer selbst muss Thomas zwischen einem nothwendigen und freien Wollen der Seele unterscheiden; er nennt jenes nothwendige Wollen das natürliche Wollen der Seele, als dessen Ziel er die Seligkeit bezeichnet. Natürlich meint er damit nur das bewusste Ziel des natürlichen Wollens; denn das in diesem Wollen eigentlich, obschon unbewusster Weise begehrte Object ist Gott als die absolut beglückende Realität. Für Thomas tritt dieses unbewusst in der Seele vorhandene Begehren, der instinctive Urzug der Seele in dem Grade hinter das bewusste naturnothwendige Begehren der Seele zurück, als er das Wesen der Seele hinter die Potenzen derselben zurücktreten lässt; sonst hätte er wohl sagen müssen, dass das Object des intellectiven

---

[1] Duns Scotus spricht nicht von einem Urzug, sondern bloss von einer Fähigkeit der Seele, Gott zu lieben, die ihm aber nicht Gegenstand eines natürlichen Erkennens ist: Potentia habendi charitatem, ut est dispositio respectu Dei in se sub propria ratione amandi, convenit naturae hominis secundum rationem specialem, non communem sibi et sensibilibus; et ideo non est illa potentialitas naturaliter cognoscibilis de homine, sicut nec homo cognoscitur sub illa ratione, sub qua est ejus haec potentia. Op. Oxon. Prolog., qu. 1.

Willens der Seele Gott sei, und dass die sich selbst zutiefst ergründende Seele ihn als absolutes Object ihres Begehrens finde. Dieses Begehren kann aber dann weiter wieder nur als Reflex eines der Seele immanenten Urwillens begriffen werden, kraft dessen sie sich selbst, ihr eigenes Sein und Leben absolut und vollkommen auswirken will, was sie aber nur dann vermag, wenn sie in ihren absoluten Ort eingerückt ist; darum postulirt sie naturnothwendig jenen Ort, und der instinctive Urzug zum Göttlichen ist die Form, in welcher sich dieses Postulat als urhaftes Begehren der Seele vornehmlich macht. Damit werden wir nun aus der Region des Erkennens und der cognoscitiven Thätigkeiten, in welcher sich die dem absoluten Ziele der Seele zugewendete thomistische Doctrin bewegt, auf jene des Triebes und Willens hinübergelenkt, in welcher die den intellectiven Trieb zurückdrängende scotistische Doctrin Wurzel zu fassen suchte, ohne indess den Seelengrund, aus dessen Tiefe heraus das Streben der Seele nach absoluter Vollendung zu begreifen gewesen wäre, wirklich zu erreichen. Es gelingt ihm nicht, den Urwillen der Seele zu erreichen; und da er das von Augustinus und Thomas urgirte Begehren nach Seligkeit oder sogenannte natürliche Wollen nicht als Wollen im eigentlichen Sinne oder selbstiges Wollen gelten lässt,[1] so bleibt ihm nur das sogenannte freie Wollen als wahres und eigentliches Wollen übrig, das seine Perfection in der sittlichen Güte findet, und aus seinem Verhältniss zum sittlichen Gewissen des Menschen zu begreifen ist. Wenn er sich dazu versteht, den Willen im weiteren Sinne zu nehmen, wornach derselbe auch das natürliche Begehren der Seele in sich schliesst, so geschieht diess zu dem Ende, seine Doctrin vom Ens in communi als Object der intellectiven Seele auch in Bezug auf die intellective Willenspotenz in Anwendung zu bringen,[2] wodurch der Wille im Voraus schon in ein freieres Verhältniss zur gegebenen Wirklichkeit gestellt wird.[3] als es da der Fall ist, wo, wie in der thomistischen Doctrin, die sinnlich-irdische Wirklichkeit als das dem menschlichen Intellecte appropriirte Object aufgefasst, und desshalb die Wahlfreiheit der Sache nach von dem intellectiven Vermögen eines abwägenden Vergleichens zwischen mehreren das Begehren sollicitirenden Objecten abhängig gemacht wird.[4] Die Grundbetonung des freien Willens in der scotistischen Doctrin bringt es ferner mit sich, dass der Seligkeitsstand vornehmlich von der Seite eines Freundschaftsverhältnisses gefasst wird, sofern eben die Charitas als die geklärte und vollendete Form des freien Wollens gefasst wird. Hiebei kommt er aber in die Lage, die reine Liebe zu Gott um seiner selbst willen (amor amicitiae) mit dem unabweislichen Begehren Gottes als des für den Menschen unentbehrlichen höchsten Gutes (amor concupiscentiae) ausgleichen zu sollen. Für Thomas, der das Wesen der Seligkeit in eine höchste Befriedigung des Intellectes setzt, ist das Bedürfniss einer solchen Ausgleichung nicht vorhanden; denn das eudämonistische Zweckprincip ist hier schon unmittelbar mit dem Vollkommenheitsprincipe ausgeglichen.

---

[1] Nach Duns Scotus muss man zwischen Wollen und Begehren unterscheiden: Voluntas tantum ut libera operatur, quia, ut recipit, nullum actum secundum habet, nec aliquem actum elicitum potest habere ut natura b. e. ut tantum appetitus, sed tantum habet inclinationem naturalem, et non ducit, sed ducitur. 2 dist. 39 (Op. Paris.).

[2] Vgl. 1 dist. 1, qu. 1: Objectum potentiae fruentis est ens in communi .... Potentia, quae inclinatur ad multa objecta per se, non quietatur in aliquo perfecte, nisi illud includat omnia per se objecta, quantum possunt includi in aliquo uno; sed potentia fruens inclinatur ad omne ens, sicut ad per se objecta; ergo non quietatur in aliquo uno ente, nisi illud includat omnia entia, quantum possunt includi in aliquo uno. Possunt autem tantum perfectissime includi in uno ente infinito.

[3] Non velle negative potest habere respectu cujusennque objecti. 2 dist. 39 (Op. Paris.).

[4] Vgl. Thom. Aq. 1 qu. 82, art. 2: Vis sensitiva non est collativa diversorum sicut ratio, sed simpliciter aliquid unum apprehendit; et ideo secundum illud unum determinate movet appetitum sensitivum. Sed ratio est collativa plurium; et ideo ex pluribus moveri potest appetitus intellectivus, scil. voluntas, et non ex uno ex necessitate.

und dem von Thomas unumwunden ausgesprochenen sittlichen Eudämonismus durch dessen absolute Vergeistigung jeder Schatten von selbstischem Wesen abgestreift. Duns Scotus rettet die reine Geistigkeit des Seligkeitsbegriffes dadurch, dass er das Wesen der Seligkeit in den Amor amicitiae setzt. Damit lässt sich indess die Thatsache nicht beseitigen, dass in der Seligkeit auch der Amor concupiscentiae seine absolute Befriedigung findet; und eben so wenig die Folgerung abweisen, dass, wenn der Amor amicitiae die ratio formalis des Seligseins constituirt, der im Seligsein zugleich mitbefriedigte Amor concupiscentiae als die causa materialis des actus beatitudinis mitzudenken ist. Duns Scotus scheint allerdings dem Amor concupiscentiae jedes Recht auf absolute Befriedigung zu entziehen, wenn er die Perpetuität als nicht zum Wesen des Seligseins gehörig bezeichnet; damit ist aber nicht der Umstand beseitiget, dass, so lange das Seligsein währt, in demselben der Amor concupiscentiae seine höchste Befriedigung findet. Diese bei Duns Scotus in so auffallender Weise hervortretende Schwierigkeit, beide Arten von Liebe harmonisch mit einander zu vermitteln, hat ihren Grund primär darin, dass ihm, trotz seiner Betonung des Willens, die Idee der menschlichen Selbstigkeit abgeht, aus welcher die sittliche Berechtigung des der menschlichen Seele untilgbar eingesenkten Begehrens nach Glückseligkeit zu deduciren ist; weiter aber in der ungebührlichen Herabdrückung der Bedeutung des theoretischen Intellectes, in dessen absoluter Befriedigung, wie wir sahen, Thomas das Wesen des Seligseins erkennt. Duns Scotus setzt sich mit Thomas umständlich auseinander über den Vorrang des Willens vor dem Intellecte,[1] gegenüber dem von Thomas[2] behaupteten Vorrange des Intellectes; er geht aber nicht auf den Urwillen der intellectiven Seele zurück, die Gott als das absolute Complement ihres Seins und Lebens wollen muss, und so kann es ihm denn auch nicht gelingen, weder die von ihm urgirte tiefstgehende Bedeutung des intellectiven Seelenwillens zu erweisen, noch auch das von Thomas betonte Moment der Intellectivität in allem wahren und richtigen Wollen zu würdigen. Es ist gewiss sehr wahr, wenn Duns Scotus urgirt, dass die Seele Gott als das absolute Gut um seiner selbst willen wollen müsse, und dass in der vollkommenen Actualität dieses Wollens ihre selbsteigene sittliche Vollendung bestehe; eben so wahr aber ist andererseits, dass Gott das absolute Gut der Seele in Kraft der absoluten Geistigkeit seines Wesens ist, und dass die Seele nur insofern und in dem Grade, als sie ihr Dasein und Leben im Elemente der absoluten Geistigkeit gefasst hat, vollkommen und selig ist. Die Seele will grundhaft Gott, aber sie will in ihm sich selbst, ihr vollendetes Sein, das sich nur in der steten Zurückbeziehung auf den haltenden und tragenden Grund ihrer selbst, also in activer Ergreifung dieses lebendigen Grundes ihrer selbst zur vollendeten Ausgestaltung bringen lässt; sie kann aber Gott nicht insofern ergreifen, als er der Unendliche ist, sondern nur in der ihr wesensverwandten Geistigkeit seines Seins, in deren geistiger Ergreifung sie eben zur vollkommenen Actualisirung ihres immanenten geistigen Wesensgehaltes vordringen will. Wenn nun das Greifen ein Act des Willens, das geistige Ergreifen aber intellective Function und That ist, so folgt daraus, dass Intellect und Wille im Grundwesen Eins sind, der Intellect jedoch den Willen übergreift, weil nur der im Intellecte gefasste Wille der ächte und wahre Seelenwillen ist. Der Wille hat also den Intellect zu seiner lebendigen Form, er hat nur in ihm sein Sein und

---

[1] 4 dist. 49, qu. 2 (Op. Paris.) — 4 dist. 49. qu. 4 (Op. Oxon.).
[2] 1 qu. 82, art. 3.

seine Wahrheit. Dasjenige aber, was aus dem Intellecte wollend herauswirkt, ist der Geist, in dessen Macht das Sein der Seele sich in sich selbst gefasst hält, und zu seiner absoluten Selbstfassung im Elemente des Göttlichen sich erheben soll. Die absolute Selbstfassung der Seele im Elemente des Göttlichen coincidirt mit der vollkommenen Geistwerdung der Seele, welche die conditio praevia der vollkommenen Actualisirung des immanenten Wesensgehaltes der Seele ist; denn in Kraft der vollkommenen geistigen Selbstfassung der Seele geht ihr gesammter Wesensgehalt in die lebendige Form ihres intellectiven Selbstlebens über, so dass dieses in einer continuirlichen geistigen Reproduction dessen, was im universalen Wesen der Seele liegt, begriffen ist; wir stehen da vor dem Gedanken einer unerschöpflichen geistigen Selbstevolution der Seele, die aus der Tiefe des seelischen Inneren heraus sich vollzieht, und alles in diese Tiefe Aufgenommene aus sich lebendig producirt. In diesem Produciren gibt sie sich selber die lebendige Form des wahrhaften Geistdaseins, und setzt aus sich selber schaffend die ihr in Gott eigen gewordene Welt heraus; und in dieser productiven geistigen Nachahmung des absoluten göttlichen Schaffens besteht ihr Seligsein. Da nun aber diese lebendige active Selbstreproduction der Seele, in der Alles, so wie sie in Allem ist, nur in Kraft einer intellectiven Apprehension Gottes durch die Seele sich vollziehen kann, so ist Thomas gegen Scotus im Rechte, wenn er die Seele nicht, wie Scotus will, in irgend einer besonderen Seelenpotenz, sondern in ihrem tiefsten Wesen, also nach Thomas doch vornehmlich im Intellecte, gefasst werden lässt; weil nur auf diese Art die das Seligsein bedingende Klärung und vollkommene Geistwerdung oder vollkommene Hineinversetzung der Seele in Gott sich begreifen und erklären lässt. Wenn Duns Scotus statt dessen durch die Gnade vornehmlich, ja ausschliesslich nur die Willenspotenz ergriffen werden lässt,[1] so hat diess seinen Grund darin, dass er keine andere Vollendung der Seele, als die sittliche kennt, und um jene Seeleninnerlichkeit, aus deren Tiefe heraus das ganze Wesen der Seele in deren Vollendung vergeistiget werden soll, nicht weiss. Eben so wenig weiss er um jene Formabilität der Seele, die freilich auch Thomas nur nach ihrer receptiven und passiven Seite würdiget, nicht aber als lebendige Selbstformation der Seele in deren successiver Selbstgestaltung und absoluter Selbstvollendung fasst. Duns Scotus weiss nicht um sie, weil er überhaupt mit dem Begriffe der Seele als subsistenten Formwesens nichts anzufangen weiss. Daher kommt es bei ihm zu dem auffallenden, aber in seinem Denkzusammenhange ganz wohl erklärlichen Satze, dass die Essenz der intellectiven Seele gegen die von ihrer Intellectiv- und Willenspotenz angenommenen Habitus und Gestaltungen sich indifferent verhalte.[2]

Thomas und Duns Scotus sprechen von einer Theologie der Seligen, deren Anschauungen nach Thomas das Wesen des Seligseins ausmachen. In der Theologia viatorum sieht Thomas eine Subalternspecies der Theologia beatorum, und erkennt in der Pflege derselben das höchste Weisheitsglück auf Erden. Diese Weisheitslehre ist in erster Linie eine speculative Wissenschaft, beziehungsweise aber auch eine praktische, sofern sie die Anleitung enthält, zur Anschauung Gottes, d. i. zur Seligkeit, zu gelangen. Dieses zweite secundäre Moment fällt natürlich in der Visio beata hinweg. Duns Scotus kennt keinen

---

[1] 2 dist. 26, qu. unic.
[2] Gratia non perficit animam qualitercunque, sed solum ut principium actionis meritoriae. Sed anima quantum ad essentiam est indifferens ad meritorum operationem et demeritoriam. Igitur non, ut sic, perficitur a gratia immediate, sicut scientia non perficit animam, nisi ut est principium intelligendi. 2 dist. 26 (Op. Paris.).

speculativen Habitus sapientiae; wenn er schon einen solchen Habitus sapientiae zugeben soll, so kann er ihn nur als einen praktischen gelten lassen, die wahre Weisheit besteht ihm in der Charitas. Demnach scheint ihm auch die Theologie die von Thomas ihr zugesprochene Würde und Hoheit als höchster und oberster Wissenschaft nur durch ihren praktischen Charakter behaupten zu können.[1] Ohnehin gehe es nicht an, ihr mit Thomas einen doppelseitigen, zugleich theoretischen und praktischen Charakter zuzuweisen: die Unterscheidung zwischen theoretischem und praktischem Habitus ist eine Grundtheilung, deren Glieder sich wechselseitig ausschliessen. Die Theologie ist aber grundwesentlich eine praktische Wissenschaft, welche darauf abzweckt, die dem höchsten und absoluten Strebeziel des Menschen entsprechenden Willensdispositionen erzeugen zu helfen, beziehungsweise die richtige Kenntniss dieser Willensdispositionen zu lehren. Diese Willensdispositionen zerfallen dem Duns Scotus in nothwendige und contingente; nothwendig sind diejenigen, deren Gegentheil absolut unzulässig ist, contingent jene, die durch Anordnung des göttlichen Willens zum sittlichen Gebote für den Menschenwillen geworden sind. Demgemäss scheidet sich ihm die Theologie in eine Theologia necessariorum und in eine Theologia contingentium. Die erstere hat Gott als das unendliche Sein und absolute Gut des Menschen zum Objecte; die der Beschaffenheit dieses Objectes entsprechende Willensdisposition ist die Liebe Gottes über Alles und um seiner selbst willen. Die Theologia necessariorum hat als Auseinandersetzung der Beschaffenheit jener absoluten Wesenheit, die als solche das absolute Ziel des zur Vollendung strebenden Menschen ist, allerdings auch einen reichen speculativen Erkenntnissinhalt; aber dieser Inhalt hat durchwegs eine innere Zweckbeziehung auf das rechte Wollen, und die theoretischen Auseinandersetzungen der Lehre über Gott sind als solche nicht theologische, sondern metaphysische Erörterungen. Als solche metaphysisch-theoretische Auseinandersetzungen sind aber keineswegs die eigentlichst theologischen Lehren über die Dreipersönlichkeit Gottes anzusehen, die eben nur das Object der absoluten und absolut nothwendigen Liebe und damit implicite auch die durch dieses Object bestimmte Gestaltung der absolut nothwendigen Liebe angeben.[2] Duns Scotus steht nicht an, sogar von der Möglichkeit einer praktischen Theologie im göttlichen Denken selber mit Beziehung auf das von Gott absolut Gewollte zu sprechen, was eben nur er selbst sein kann. Indess entscheidet er dafür, dass das von Gott absolut Gewollte nicht Gegenstand einer praktischen Erkenntniss sein könne, weil eine solche Erkenntniss die Bedeutung eines Willensregulatives hat, der absolute Wille Gottes aber, möge er frei oder natürlich wirken, sich einzig nur aus und durch sich selbst bestimmen kann. Zufolge dessen kann weiter auch der Inhalt der Theologia contingentium für das göttliche Denken nur Gegenstand einer speculativen oder theoretischen Erkenntniss sein. weil Existenz und Beschaffenheit des Contingenten lediglich vom göttlichen Willen abhängt; für den geschaffenen Intellect dagegen hat die Theologia contingentium die Bedeutung einer praktischen Erkenntniss, weil ihr Erkenntnissinhalt eine gottgewollte Norm für den sittlichen Willen in sich schliesst. Durch diese ihre eminent praktische Bedeutung wird die Theologie entschiedenst aus dem Connexe mit der speculativen Weltlehre losgelöst, als deren höchsten Abschluss Thomas die

---

[1] Op. Oxon. Prolog., qu. 4.
[2] Non sufficit ad rectitudinem actus, quod habeat rationem formalem convenientem in objecto, sed etiam requiritur, quod habent objectum conveniens, in quo sit talis ratio formalis. Praeter istam igitur notitiam rectitudinis, quam includit essentiale in actu amandi Deum, personalia includunt propriam notitiam ulteriorem rectitudinis acquisitae. L. c.

Theologie ansicht. So wenig sie selber in einem Subalternverhältniss zu irgend einer anderen Wissenschaft, etwa der Metaphysik, steht,[1] so wenig subalterniren ihr andere Wissenschaften, weil sie nicht die principiellen Erklärungsgründe des specifischen Inhaltes derselben in sich schliesst.[2] Die Idee von einem architektonischen Aufbau der menschlichen Gesammterkenntniss, dessen Kuppelabschluss in der Theologie gegeben wäre, wird somit von Duns Scotus bei Seite gesetzt, und wohl auch für unausführbar gehalten. Aus der Aristotelischen Kosmologie, die den Unterbau des Ganzen zu bilden hätte, hat er sich schon von vorneherein auf das Gebiet der Ontologie und Metaphysik zurückgezogen, die ihm allein auf einem, vom contingenten kosmischen Sein und Geschehen unabhängigen festen Grunde zu fussen scheint. Da die kosmischen Contingenzen ihren absoluten Grund in dem nicht weiter zu erklärenden souveränen göttlichen Willen haben, der den Hauptinhalt der Theologie bildet, so hat die Metaphysik, so tief sie immerhin in die Theologie hineinragt, sich auch von dieser bestimmt abzugränzen, und nimmt zur Kosmologie und Theologie eine seitliche Stellung, den natürlich erkennbaren Vernunftgehalt beider in sich fassend, in Bezug auf den concreten Realgehalt beider an die Empirie der sinnlichen Erfahrung und des Glaubens angewiesen. Während Thomas das Lehrgebäude der Theologie direct auf dem Grunde der natürlichen Weltlehre aufführen, und somit die Gesammtheit alles menschlichen Realerkennens zuhöchst in der Theologie zusammenfassen will, sucht Duns Scotus die natürliche Basis der Offenbarungstheologie primär in dem auf sein absolutes Ziel gerichteten sittlichen Willen, urgirt mit grösserer Schärfe den positiven Charakter des theologischen Erkennens, und kommt, indem er die strenge philosophisch-theoretische Erweisbarkeit einzelner Sätze der natürlichen Religion und Moral anstreitet, von selbst dahin, den Glauben im Gegensatze zu Thomas als einen Habitus, nicht des speculativen, sondern des praktischen Intellectes zu bezeichnen.[3] Demzufolge kann auch die Theologie als Glaubenswissenschaft nur als ein Habitus practicae scientiae genommen werden. Man sage nicht, dass sie, indem ihr der Charakter einer theoretischen Wissenschaft abgesprochen wird, im Range herabgesetzt werde; sie wird vielmehr im Range erhöht, weil der Wille, zu dessen sittlichen Dispositionen sie ins Verhältniss gesetzt wird, im Range höher steht als der Intellect. Indem sie zu den sittlichen Dispositionen des freien Willens in ein inneres Verhältniss gesetzt wird, wird sie von jener Gebundenheit befreit, die ihr als einer ausschliesslich oder vorwiegend speculativen Lehre anhaften müsste. Man darf sich nicht auf den Meister Aristoteles berufen, der eine auf den absoluten Willenszweck bemessene Wissenschaft nicht gekannt habe; er kannte eine solche Wissenschaft nicht, weil er kein freithätiges sittliches Anstreben eines absoluten Zweckes, sondern bloss eine natürliche Bewegung des Willens mit Beziehung auf die vom Menschen begehrte Glückseligkeit kannte.

Thomas sah im theologischen Weisheitserkennen ein erleuchtetes Theilhaben der menschlichen Seele am göttlichen Erkennen, und fasste das Verhältniss der weltlichen

---

[1] Dicetur fors, Deus continetur sub ente, de quo est Metaphysica. Dicendum, quod subalternatio non attenditur secundum per se superius et inferius, quia scientia subalternata est de ente per accidens, non autem de eo, quod per se et essentialiter continetur sub superiori, quoniam de genere et specie est eadem scientia. Op. Paris. Prolog. qu. 3, art. 3, quaestiunc. 4.
[2] Si ulterius quaeritur, an theologia sibi subalternet aliam? Dicendum, quod non, quia non dicit propter quid respectu aliarum; quia aliae scientiae resolvunt suas conclusiones in principia immediata, quae primo sunt vera, etsi nihil aliud esset. L. c.
[3] Fides non est habitus speculativus, nec credere est actus speculativus, nec visio sequens credere est visio speculativa sed practica. Nata est enim ista visio conformis esse fruitioni, et prius naturaliter haberi in intellectu creato, ut fruitio recta illi conformiter eliciatur. Op. Oxon. Prolog., qu. 4.

Wissenschaften zur Wissenschaft des Göttlichen als einen Reflex des Verhältnisses des weltlichen Seins zum überweltlichen göttlichen Sein. Wie Gott die absolute Urform alles Seienden, so ist die in der Theologie niedergelegte Erkenntniss der göttlichen Dinge ein Abschluss und eine Klärung des gesammten menschlichen Erkennens in einer höchsten Erkenntniss; wie Gott die Welt in sich fasst, so fasst die Erkenntniss der göttlichen Dinge die Erkenntniss aller übrigen Dinge nach ihrer Beziehung auf das in ihnen und an ihnen geoffenbarte Höchste und Göttliche in sich. Freilich ist das theologische Erkennen, je höher es aufwärts steigt, desto weniger ein selbsteigenes Erkennen; aber auch das Höchste, was in den Lehren der geoffenbarten Weisheit aufgeschlossen wird, muss noch auf irgend eine Weise dem menschlichen Intellecte fassbar sein. Ist ihm doch, wenigstens implicite, die Idee der absoluten Urform präsent, aus welcher Alles, was in den Kreis des intellectiven Erkennens fällt, zu begreifen ist; und ein intellectives Erkennen ist ja auch das gläubige Erkennen, ja mit Beziehung auf die Hoheit und den Rang seiner Objecte ein Erkennen höheren Ranges, als das aus der selbsteigenen Kraft des Intellectes geschöpfte Erkennen. In der theologischen Weisheitslehre des heiligen Thomas Aq. ist somit das Verhältniss des weltlichen Seins zum Ueberweltlichen, Göttlichen das massgebende grundhafte Verhältniss; die Erkenntniss des Weltlichen und seiner denknothwendigen Voraussetzung im Göttlichen gehört dem Intellecte als solchem an, das Ueberweltliche hingegen als solches muss sich durch Offenbarung seiner selbst kundthun und wird ihm in der Welt des Glaubens aufgeschlossen. Bei Duns Scotus tritt an die Stelle des Unterschiedes und Gegensatzes vom Weltlichen und Ueberweltlichen der Gegensatz zwischen Natürlichem und Uebernatürlichem, der sich nicht auf den Unterschied der Realitäten, sondern auf das Verhältniss des Erkennenden zu den Gegenständen der Erkenntniss, oder zu den Wahrheiten bezieht, die ins menschliche Denken aufgenommen werden sollen. Duns Scotus unterscheidet natürliche und übernatürliche Wahrheiten; natürliche Wahrheiten sind jene, die der gefallene Mensch noch immer aus sich selbst zu erkennen vermag, alle übrigen sind für ihn übernatürliche Wahrheiten, deren er sich nur durch den Glauben vergewissern kann. Dieser Gegensatz von natürlichen und übernatürlichen Wahrheiten kreuzt sich bei ihm mit dem Gegensatze von nothwendigen und zufälligen Wahrheiten, da, wie wir bereits wissen, sowohl in der natürlichen Ordnung der Dinge als auch in der übernatürlichen Heilsordnung des Zufälligen genug, und in der objectiven Wirklichkeit der Dinge Gott allein das absolut Nothwendige, und als solcher auch der absolut nothwendige Gegenstand seines Wollens ist. Ist demzufolge der reale Inhalt unseres Denkens schon insgemein vom göttlichen Wollen in weitem Umfange abhängig, so dass bei einer anderen Beschaffenheit und Gestaltung der Welt auch der Realinhalt unseres Denkens ein ganz anderer sein müsste, so sind wir auch in Beziehung auf die Erkenntniss des thatsächlich gegebenen Wirklichen abermals von Vergewisserungen durch göttliche Willensmanifestationen in einem Grade abhängig, der uns die Tiefe unseres Falles in ihrer ganzen Grösse aufschliesst. Freilich lässt uns Duns Scotus einiger Massen im Zweifel, ob wir den Mangel einer strengen Erweislichkeit gewisser natürlicher Wahrheiten der Religion und Moral lediglich auf Rechnung unseres durch den Sündenfall geschwächten Denkens setzen sollen. Bei der Unsterblichkeitsfrage z. B. sahen wir, dass der Grund ihrer Unerweislichkeit nicht in unserer Denkschwäche, sondern in objectiv gegebenen Verhältnissen gelegen ist.

Wenn er aber weiter[1] behauptet, es lasse sich nicht streng erweisen, dass Gott ein lebendiger sei, dass ihm Denken und Wollen zukomme u. s. w., so scheint damit doch nur unser dermaliges Unvermögen eines strengen Erweises gemeint zu sein. Dass übrigens diese Sätze nicht etwa als bloss disputable Sätze aufgestellt wurden, sondern ganz ernstlich gemeint waren, ist gar kein Zweifel, und auch ganz wohl erklärlich: die Abwerfung des speculativen Formbegriffes beraubte ihn der Möglichkeit einer speculativen Deduction jener göttlichen Attribute, deren streng philosophische Erweisbarkeit er in Abrede stellt. Wenn der Begriff Gottes als der absoluten Urform in vorhinein die ganze Weltbetrachtung über den Standpunkt eines empiristischen Naturalismus hinaushebt, so fasst das sogenannte natürliche Denken bei Duns Scotus ganz entschieden auf diesem Standpunkt, wie aus mancherlei dem Gebiete der Anthropologie angehörigen Sätzen hervorleuchtet, in welchen er die Discrepanz zwischen natürlichem Denken und christlicher Auffassung der betreffenden Sache hervorhebt. Derlei Sätze sind:[2] Es lasse sich nicht erweisen, dass der Mensch für eine in diesem Leben nicht erreichbare Seligkeit geschaffen sei, dass der factisch gegebene dermalige Zustand des unvollkommenen Erdenmenschen auf einen Stand der Verschuldung hinweise, dass der Mensch mit einer erblichen Sünde behaftet geboren werde, dass die Unauflöslichkeit der Ehe von unmittelbarer naturrechtlicher Evidenz sei. Einem naturalistischen Denken gehören auch die Sätze in der Gotteslehre an: es lasse sich nicht beweisen, dass Gott über die Kategorie der Quantität absolut hinausgestellt, absolut einfach (omni accidente carens), intensiv unendlich sei.[3] Wenn nun Duns Scotus dennoch an den entgegengesetzten Ueberzeugungen festhält, so hat diess seinen Grund darin, dass er sich von vorneherein auf den lebendigen Boden des kirchlichen Gemeinbewusstseins stellt, wie er sich denn auch aus vollem Herzen den Spruch Augustins aneignet: Ego nec evangelio crederem, nisi ecclesiae auctoritas me commoveret. Er macht diesen Standpunkt auch den Sätzen der kirchlichen Heilslehre gegenüber geltend, da ihm die weitaus grössere Mehrzahl derselben nicht auf innerer Nothwendigkeit, sondern auf positiver göttlicher Bestimmung und Anordnung beruht. Sein Glaube an die Lehre der Kirche und an die Sätze ihrer Dogmatik ist also durchwegs freier Willensentschluss, der aus dem Bedürfniss hervorgeht, sich derjenigen Auctorität zu unterwerfen, der man ohne Verzicht auf das Recht und die Ehre des freien Willens sich unbedingt unterwerfen kann und auch unterwerfen muss, weil sonst alle Ordnung aufgehoben würde; und diess ist eben die absolute Auctorität des göttlichen Willens. Es liegt etwas ritterlich Mannhaftes und ein Zug hoher ethischer Schönheit in diesem geistigen Verhalten des Duns Scotus, der unter energischer Wahrung der freien Selbstständigkeit seines Denkens sich unbedingt derjenigen Auctorität unterwirft, die ihn sein sittliches Gefühl als die absolut massgebende anerkennen heisst. Seine ganze theologische Doctrin zweckt auf eine Conformation des ethischen Willenshabitus mit der durch den absoluten, höchsten Willen geschaffenen und normirten Ordnung ab; die vollkommene Einigung des selbsteigenen Willens mit jenem höchsten absoluten Willen, der in seiner souveränen Absolutheit zugleich auch der vollkommenste, weiseste und absolut heilige Wille ist, ist das Ideal und der leuchtende Stern seiner innern Lebenswelt. Es ist die Idee der sittlichen Persönlichkeit, die in seinem Denken

---
[1] Siehe Scoti Theoremata, Theor. 14.
[2] Theor. 11.
[3] Theor. 16.

aufgeht, und in den Vordergrund desselben sich stellt, aber freilich unter Verzicht auf eine Vermittelung dieser Idee im Elemente der reinen Rationalität. Er bringt es nicht dahin, die sittlich gestimmte Persönlichkeit dem Bereiche der kosmischen Contingenzen zu entreissen; sie steht ihm zwar höher als alle übrigen kosmischen Contingenzen, gehört aber dennoch gleichfalls unter sie, ein wahrhaft Bleibendes ist sie nicht kraft ihres inneren Wesens, sondern kraft des göttlichen Willens, der ihren ewigen Bestand sicher stellt.

Die Tendenz der speculativen Scholastik des Mittelalters war ein Ringen nach Concordirung der drei ihr zuhöchst geltenden wissenschaftlichen Auctoritäten eines Aristoteles, Plato und Augustinus. Dieser Tendenz konnte sich, trotz seiner antispeculativen Haltung, Duns Scotus schon seiner Zeitstellung nach sich nicht entziehen; es kommt nur darauf an, wie er sich zu jeder der genannten drei Auctoritäten zu stellen gedachte. Nicht ohne Grund durfte er glauben, sich mit Augustinus mehr identificirt zu haben, als die speculativen Aristoteliker der Dominicanerschule; obschon er diesen gegenüber von Aristoteles weiter abkam, als er selber zuzugeben bereit war. Auf dem Gebiete der Anthropologie steht er unstreitig Plato näher als dem Aristoteles, trotzdem dass er die wissenschaftliche Terminologie der scholastisch-aristotelischen Anthropologie adoptirt. Auf dem Gebiete der Ideenlehre ist er, indem er eine ursprüngliche Vielheit der Ideen in Gott behauptet, gleichfalls weit mehr Platoniker, als die speculativen Theologen der Dominicanerschule, welche diese Vielheit in Abrede stellen; nur will er freilich diese Ideen nicht in platonischer Weise als Wesenheiten verstanden wissen, weil damit der Intellectus agens überflüssig gemacht würde.[1] Duns Scotus bestreitet indess, dass Plato die Ideen als aussergöttliche Wesenheiten gedacht habe; die Ideen in Plato's Sinne sind nichts anderes, als der im göttlichen Denken existente mundus intelligibilis oder die Quidditäten der Dinge als von Gott gedachte und erkannte. Diese Auffassung der Ideen ist nach Duns Scotus auch jene Augustins, und zu dieser will er sich bekennen[2] jenen gegenüber, welche die göttlichen Ideen als denkhafte Selbstbeziehungen der göttlichen Wesenheit auf das aussergöttliche Sein fassen. Das Hauptinteresse des Duns Scotus ist, die Unabhängigkeit des göttlichen Seins und Denkens zu wahren, die ihm beeinträchtiget erscheint, wenn sich das göttliche Denken mit Beziehung auf etwas ausserhalb derselben Seiendes bestimmen soll müssen, während doch umgekehrt das göttliche Denken die geschöpflichen Dinge mensurire. Ob sich übrigens die scotistische Anschauung von der Idee mit jener Augustins decke, ist mehr als fraglich; wenn auch bei Augustinus von der durch Scotus bekämpften Auffassung der Idee als Relationsbestimmung des göttlichen Seins zum geschöpflichen keine Rede ist, so ist doch andererseits eben so gewiss, dass der göttliche Gedanke eines Dinges bei Augustinus nicht unter dem Charakter einer göttlichen Willenssetzung erscheint, weil diese Auffassung eben nur der scotistischen Verhältnissbestimmung zwischen dem göttlichen Denken und Wollen eigen ist.

---

[1] Si essentiae rerum essent abstractae, sicut posuit Plato, non indigeremus secundum eum intellectu agente. 1 dist. 3, qu. 4 (Op. Paris.).
[2] Duns Scotus fasst die Augustinische Erklärung der Ideen in folgende Worte zusammen: Idea est ratio aeterna in mente divina, secundum quam aliquid est formabile extra, ut secundum propriam rationem ejus. 1 dist. 36, qu. 2 (Op. Paris.). — Vgl. damit Augustin. Quaestt. 83, qu. 46: Sunt namque ideae principales formae quaedam vel rationes rerum stabiles et incommutabiles, quae ipsae formatae non sunt, ac per hoc aeternae ac semper eodem modo sese habentes, quae in divina intelligentia continentur. Et cum ipsae neque oriantur neque intereant, secundum eos formari dicitur omne, quod oriri potest, et omne quod interit et oritur.

Eine Annäherung vom Peripatetismus zu Plato und Augustinus scheint sich auf erkenntnisstheoretischem Gebiete bei Duns Scotus zu vollziehen, wenn man ihn die sinnliche Apperception als eine blosse Gelegenheitsursache der intellectiven Erkenntniss erklären hört.[1] Diess läuft aber näher besehen nur auf Constatirung einer von den möglichen Täuschungen der Sinne unabhängigen Wahrheit und Sicherheit der rationalen Denkauffassung der sinnlichen Erfahrung hinaus; die Correctur einer allenfallsigen Sinnestäuschung vollzieht sich auf Grund evidenter Erfahrungssätze oder durch formale Denkoperationen, mittelst welcher auf Grund der in der sinnlichen Erfahrung gegebenen Daten der täuschende Schein aufgeklärt wird. Duns Scotus ist viel zu sehr Empirist, als dass er den Boden der natürlichen Erfahrung irgendwie zu verlassen gedächte; die intellectiven Realerkenntnisse des Menschen ruhen ihm durchwegs auf dem Grunde der Erfahrung, und sind aus dieser abzuleiten. Er erklärt sich demzufolge auf das Entschiedenste gegen Heinrich von Gent (Goethals), wenn dieser[2] unter Berufung auf Augustinus die Wahrheit und Sicherheit der sinnlichen Erfahrung bestreitet.[3] Duns Scotus erwiedert,[4] der von Goethals producirte Spruch über die Wandelbarkeit der Sinnendinge gehöre gar nicht dem Augustinus, sondern dem Heraklit oder Cratylus an,[5] und beweise nicht, dass es gar keine zuverlässige Erkenntniss des Sinnlichen gebe; denn jedenfalls wäre die unstete Wandelbarkeit des Sinnlichen selber schon ein wahrer und gewisser Satz. Das wusste nun wohl auch Augustinus selber, welcher die von Scotus auf Rechnung des Heraklit gesetzte Behauptung wirklich that; nur sagte er weiter, und Goethals mit ihm, dass die für jeden Fall übrig bleibende sichere und gewisse Erkenntniss der unsteten Wandelbarkeit der Sinnendinge im Lichte der unwandelbaren Wahrheit geschaut werde. Duns Scotus verzichtet darauf, die in Augustins Schriften unläugbar vorhandenen Stellen, in welchen der Ueberzeugung von einem Erkennen der Dinge in Gott oder Schauen der Wahrheit im Lichte Gottes Ausdruck gegeben wird, einer Besprechung zu unterziehen, um etwa zu zeigen, dass sich Goethals mit Ungrund auf sie berufe; er begnügt sich zu erhärten, dass die in den späteren Werken Augustins enthaltenen einschlägigen Aeusserungen, aus ihrer bildlichen Ausdrucksweise in ihren bildlosen Gedankengehalt umgesetzt, mit den erkenntnisstheoretischen Anschauungen der scotistischen Theorie sich ganz wohl vereinbaren lassen. Wenn der Kirchenlehrer Augustinus sagt, dass die untrügliche Wahrheit im Lichte Gottes erkannt werde, so darf ihm allerdings nicht widersprochen werden.[6] Es fragt sich nur, wie jenes Erkennen des menschlichen Intellectes im göttlichen Lichte verstanden werden soll. Die intellectiven Gedanken der Seele von den Dingen können Lichtgedanken heissen, sofern sie den göttlichen Gedanken von denselben conform sind; es ist ferner zuzugeben, dass ihre geistige Apperception unter

---

[1] 1 dist. 3, qu. 4.
[2] Vgl. Goethals' Summa theologiae, art. 1, qu. 2.
[3] Goethals beruft sich auf Augustin. Quaestt. LXXXIII, qu. 9: Omne quod corporeus sensus attingit, quod et sensibile dicitur, sine ulla intermissione temporis commutatur . . . . Quod autem non manet, percipi non potest; illud enim percipitur, quod scientia comprehenditur . . . . Non est igitur expectanda sinceritas veritatis a sensibus corporis etc.
[4] 1 dist. 3, qu. 4.
[5] Qui nolebant loqui sed movebant digitum — sagt Duns Scotus von Heraklit und Cratylus unter Anspielung auf Aristot. Metaph. III, p. 1010. a, lin. 10 ff.: Ἐκ γὰρ ταύτης τῆς ὑπολήψεως (steter Fluss der Dinge) ἐξήνθησεν ἡ ἀκροτάτη δόξα τῶν εἰρημένων, ἡ τῶν φασκόντων ἡρακλειτίζειν, καὶ οἵαν Κρατύλος εἶχεν, ὃς τὸ τελευταῖον οὐδὲν ᾤετο δεῖν λέγειν, ἀλλὰ τὸν δάκτυλον ἐκίνει μόνον, καὶ Ἡρακλείτῳ ἐπετίμα εἰπόντι ὅτι δὶς τῷ αὐτῷ ποταμῷ οὐκ ἔστιν ἐμβῆναι· αὐτὸς γὰρ ᾤετο οὐδ' ἅπαξ.
[6] Ad quaestionem igitur dico, propter verba Augustini oportet concedere, quod veritates infallibiles videntur in regulis aeternis. 1 dist. 3, qu. 4.

Vermittelung eines Contactes des menschlichen Intellectes mit dem göttlichen Denken zu Stande kommt. Aber dieser Contact bedeutet nicht mehr und nichts Anderes, als die generelle Assistenz oder Mitwirkung Gottes in Auswirkung der Gedanken oder Begriffe der appercipirten Dinge, und ist auch in dieser Beziehung auf die göttliche Concurrenz in Activirung der dem menschlichen Intellecte habituellen allgemeinen Denkmaximen oder Principia per se nota zu beschränken, mittelst welcher der denknothwendige Zusammenhang zwischen Subject und Prädicat einer intellectiven Apprehension erkannt wird. Denn in Beziehung auf die Objecte der natürlichen Erfahrung liegt ja der Zusammenhang von Subject und Prädicat oder Subject und Eigenschaft oder Beschaffenheit eines Dinges als etwas natürlich Gegebenes vor, und ist sonach Gegenstand einer unmittelbaren natürlichen Evidenz. Dass aber derlei Principia per se nota, z. B. Omne totum est majus sua parte, selbst wieder erst in Kraft einer göttlichen Erleuchtung erkannt werden könnten, und dieses Erkennen das von Augustinus gemeinte Schauen untrüglicher Wahrheiten in Regulis aeternis wäre, glaubt Duns Scotus aus den selbsteigensten Worten Augustins widerlegen zu können. Denn wenn Augustinus sage, dass nur Wenige in ihrem Denken die rationes aeternas oder rationes intelligibiles erfassen, wenn er andererseits hervorhebe, dass die Philosophen ohne Glaube die Wahrheit in Regulis aeternis erkannt haben, so folge daraus unabweislich, dass die Erfassung der Rationes aeternae als die von aller sinnlichen Beimischung losgelöste geistige Erkenntniss im natürlichen Vermögen des Menschen liege, aber nur bei glücklicher natürlicher Anlage und Begabung vollkommen entwickelt werde.[1]

Deckt sich diese von Duns Scotus gegebene Erklärung vom Erkennen der Dinge im Lichte der göttlichen Wahrheit mit jener Augustins? Zunächst ist einmal zu constatiren, dass bei Duns Scotus die Frage vom Gebiete der Wahrheitslehre, auf deren Boden sich bei Augustinus die Erörterung bewegt, auf jenes der Gewissheitslehre hinübergelenkt ist, und demzufolge ein anderes Aussehen bekommen muss, als sie bei Augustinus hat. Augustinus lehrt, dass die Wahrheit der Dinge ihren Bestand in Gott, nämlich in den unveränderlichen und ewigen Gedanken Gottes von den Dingen habe, woraus von selber folgt, dass das Sein und Wesen der Dinge wahrhaft nur in Gott oder im Lichte der göttlichen Wahrheit erkannt werden könne. Da nun aber die Wahrheit der Dinge in Gott, näher im ewigen Worte Gottes oder im Logos aufgehoben ist, andererseits aber thatsächlich ein wirkliches Wahrheitserkennen im zeitlichen Menschendasein statt hat, so postulirt und supponirt Augustinus im Vorhinein eine innere geheimnissvolle Einigung der Seele mit dem Logos, in welcher er den absoluten Möglichkeits- und Wirklichkeitsgrund alles höheren übersinnlichen Erkennens des irdischen Zeitmenschen erkennt. Soweit nun der Gegenstand dieses Erkennens überhaupt nur das im begrifflichen Denken verdeutlichte Uebersinnliche oder Metaphysische als solches ist, kann allerdings Duns Scotus sich einer gewissen Denkverwandtschaft mit Augustinus rühmen; er ist ferner auch gegen Goethals im Rechte, wenn er dessen Berufung auf Augustins Auctorität, soweit diese speciell nur für die im Lichte der göttlichen Wahrheit feststehende Gewissheit unserer

---

[1] Paucorum est pertingere ad rationes aeternas, quia paucorum est habere intellectiones per se (z. B. des Satzes totum majus sua parte), et multorum est habere conceptus tales per accidens; sed isti conceptus non dicuntur distingui ab aliis per specialem illustrationem, sed per meliora naturalia, quia habent intellectum magis abstrahentem et perspicaciorem; vel propter majorem inquisitionem, per quam aeque ingeniosus pervenit ad cognoscendum illas quidditates, quas alius non inquirens non cognovit. L. c.

Erkenntnisse zeugen soll, als nicht zutreffend abweist. Denn die Gewissheitsfrage fällt bei Augustinus mit der Wahrheitsfrage zusammen, und zwar so, dass auf letztere der Hauptaccent fällt; denn über die Gewissheit der im Lichte der göttlichen Wahrheit erhobenen Erkenntnisse konnte für Augustinus ohnedicss kein vernünftiger Zweifel bestehen. Aber eben desshalb beweisen auch die gegen Goethals gerichteten Ausführungen des Scotus nicht das, was sie beweisen zu wollen scheinen, nämlich, dass sich seine Ansicht vom menschlichen Wahrheitserkennen mit jener Augustins decke; der von Duns Scotus statuirte Unterschied zwischen natürlicher und übernatürlicher Wahrheit in dem von Scotus gemeinten Sinne ist Augustinus fremd, da Augustinus ein bloss empirisch-sinnliches Wahrheitserkennen nicht kennt, alles höhere oder metaphysische Wahrheitserkennen aber ohne Unterschied aus göttlicher Erleuchtung erklärt, obschon er da speciell wieder zwischen natürlicher und übernatürlicher Erleuchtung unterscheidet. An die Stelle dieses von Augustinus gemachten Unterschiedes zwischen natürlicher und übernatürlicher Erleuchtung tritt bei Duns Scotus der Unterschied zwischen natürlicher und übernatürlicher Wahrheit, der sich nicht nach der principalen Wirkungsursache, sondern nach dem Objecte der Erkenntniss bestimmt; in Bezug auf die Objecte der natürlichen Erkenntniss aber ist eine unmittelbare Erleuchtung des Intellectes nur insoweit nothwendig, als die natürliche Evidenz der sinnlich-empiristischen Apperception nicht ausreicht. Eher liesse sich von einem Hineinleuchten des im Sinnendinge ausgedrückten Wesensbegriffes in den Intellect, von einem geistigen Wiederscheinen des Dinges im Intellecte sprechen, wobei aber dann der aus dem göttlichen Intellecte ausgehende Lichtstrahl nur mittelbar, nämlich durch das Sinnending in den menschlichen Intellect geleitet wird.

Diess führt uns auf einen weiteren Controverspunkt in der Polemik des Duns Scotus gegen Goethals. Nach Goethals' [1] fällt im Erkennen ausschliesslich alles Licht aus der Seele auf das zu erkennende sinnliche Object, der Reflex des Objectes in der Imagination ist nur eine Incitation für den Intellect, die Intellection des sinnlich appercipirten Objectes in sich selber aufleuchten zu lassen. Die Intellection vollzieht sich durch die intellective Apprehension des göttlichen Urbildes des sinnlich appercipirten Objectes: auf diese Art wird also das den sinnlichen Gegenstand geistig erhellende Licht aus der göttlichen Intelligenz durch die Seele auf den Gegenstand geleitet, und hiemit der Abdruck oder Wiederschein der göttlichen Idee in dem entsprechenden Sinnendinge erkannt. Dieser Auffassung liegt die Voraussetzung zu Grunde, dass das Sinnending nicht schon als solches den Allgemeingedanken desselben darstelle, sondern nur den Anstoss zur Apperception des Allgemeingedankens im Lichte der göttlichen Wahrheit zu geben vermöge. Diese Anschauungsweise wird freilich von Goethals nicht constant festgehalten, indem er nebenbei doch auch wieder durch das Sinnenobject selber schon eine intellectio confusa in der appercipirenden Seele hervorgebracht werden lässt, welche sodann durch den Intellectus agens in einen, den Allgemeingedanken des Dinges bestimmt wiedergebenden rationalen Begriff umgesetzt werde. Indess bleibt auch hier die Grundvorstellung bestehen, dass die Operation des Intellectus agens im Lichte der göttlichen Wahrheit sich vollziehe, und durch diese Thätigkeit die Erkenntniss des Dinges aus der Region des ungewissen Scheinens in jene des wahren und wirklichen Erkennens emporgehoben werde. Für jeden Fall aber will Goethals auf dem Grunde der augustinischen

---
[1] Siehe Goethals' Quodlibeta III, qu. 4; IV, qu 7; V, qu. 14.

Lehre stehen, und gibt desshalb auch der ersteren Ansicht, die das Sinnenobject als blosses Erregungsmittel der intellectiven Erkenntniss ansieht, den Vorzug. Die Frage ist nun, ob er mit vollem Grunde sich auf Augustinus berufen könne, oder ob Duns Scotus ihm diese von ihm angerufene Auctorität mit Recht streitig machen könne. Goethals beruft sich auf Stellen augustinischer Schriften,[1] in welchen gesagt wird, dass die Seele die sinnlichen und geistigen Bilder der von ihr appercipirten Dinge in sich und aus sich forme. Duns Scotus erwiedert hierauf, dass diese Aeusserungen Augustins nur beziehungsweise zu verstehen seien, da er anderweitig[2] klar und bestimmt den erkannten Gegenstand als eine miterzeugende Ursache der in der Seele vorhandenen Erkenntniss bezeichne. Man hat diese Instanz des Duns Scotus als begründet anzuerkennen; sie beweist aber nur, dass die psychologischen und erkenntnisstheoretischen Anschauungen Augustins nicht vollkommen ineinander greifen, indem er in den Entwickelungen seiner erkenntnisstheoretischen Anschauungen augenscheinlich den aus der platonischen Philosophie geschöpften Anregungen folgte, während er auf psychologisch-anthropologischem Gebiete primär den in der Wirklichkeit gegebenen Menschen vor Augen hatte, dessen Abhängigkeit von dem im zeitlichen Menschendasein gegebenen äusseren Bedingungen seines Lebens, Schaffens und Wirkens ihn nöthigte, der sinnlichen Wirklichkeit eine grössere Bedeutung zuzuerkennen, als ihr im platonischen Idealismus zugestanden wird. Wenn er nun auch die in diesem errungene Denkhöhe der Betrachtung der Dinge nicht mehr aufgeben wollte, vielmehr das Bedürfniss empfand, die sich nebenher ihm aufdrängende Bedeutung der realen Wirklichkeit in einem, seinen feststehenden erkenntnisstheoretischen Anschauungen entsprechenden Grade zu vertiefen, so kam er, von den ursprünglichen Gegenständen und Zielen seiner philosophischen Meditation immer mehr auf die geistige Ergründung des in der psychischen Selbsterfahrung Gegebenen abgelenkt, doch nicht mehr dazu, die Ergebnisse dieser seiner späteren Forschung mit seinen ursprünglichen Anschauungen zu vermitteln; sie bedeuteten für ihn nur die Errungenschaften eines neuen Entwickelungsstadiums, in welches er nach einem relativen Abschlusse seiner anfänglichen erkenntnisstheoretischen Forschung übergetreten war; er vertiefte sich auf diesem seinem zweiten Wege in das gegenständliche Wesen der Seele, in welcher er den nach Gott höchsten Gegenstand des Forschens erkannte, und deren Leben und Thätigsein in der doppelten Richtung derselben auf Gott über ihr und auf die Weltdinge unter ihr er zu ergründen strebte. Die aus der Mittelstellung der Seele zwischen Gott und Körperwelt erschlossene metaphysische Wesensqualität der Seele als eines zwar einfachen, zugleich aber auch mutablen Seins steht wohl in vollkommenem Einklange mit der auf erkenntnisstheoretischem Gebiete behaupteten Einigung der Seele mit dem Logos, lässt aber zugleich den metaphysisch abstracten und mehrdeutigen Charakter des augustinischen Seelenbegriffes erkennen, der eben erst im Eingehen in die concrete Selbstgestaltung der psychischen Innerlichkeit Gestalt und Leben gewinnt, hiebei jedoch die metaphysisch abstracten Bestimmungen des Seelenwesens in etwas von ihrer ursprünglichen Bedeutung theilweise Abweichendes umgesetzt erscheinen lässt. Bei dieser Mehrdeutigkeit und zugleich auch Mehrseitigkeit der augustinischen Auffassung des seelischen Denkwesens und denkhaften Seelenwesens erklärt es sich, dass differente Denkanschauungen sich gemeinsam auf Augustinus zurückbeziehen, und rücksichtlich der in Rede stehenden Frage, ob die

---
[1] Gen. ad lit. XII, c. 16 — Trin. X, c. 5.
[2] Trin. IX, c. ult.; XV, c. 10 und 21.

Seele die Dinge ausschliesslich aus sich selbst erkenne oder nicht, sowohl Goethals als auch Duns Scotus sich auf Augustins Zustimmung berufen konnten. Ist die Seele wesentlich Mens oder Innerungsprincip, so ist es ihr eben so wesentlich, die Dinge geistig in sich aufzunehmen, als auch, das geistige Verständniss derselben aus sich selbst hervorzustellen; und wenn man voraussetzen muss, dass sie das Eine wie das Andere ganz und vollkommen thue, so folgt daraus, dass es unthunlich ist, mit Scotus von einer bloss particiellen Concurrenz der Sinnendinge zur Erzeugung der Intellection derselben zu sprechen, da bei solcher Auffassungsweise beide zur Hervorbringung der Intellection concurrirenden Ursächlichkeiten verkürzt werden, und überdiess dem sinnlichen Objecte eine Activität zuerkannt wird, die ihm nicht zukommt. Goethals ist wirklich im Rechte, wenn er den activen Antheil des sinnlichen Objectes darauf beschränkt, blosser Anlass zur Entstehung der Intellection zu sein, die als Selbstact der Seele ganz und vollkommen aus der Seele hervorgestellt, also lediglich durch sie gewirkt werden muss; und es überrascht, wenn man ihn hiefür auf den Begriff der Seele als activen Formwesens sich berufen hört, welches als die actuellste aller Formen auch die activste sein müsse. Es gewinnt hier fast den Anschein eines Anlaufes zur Vertiefung und Verlebendigung des abstract metaphysischen augustinischen Seelenbegriffes in jenem der lebendigen Form. Man sieht sich alsbald enttäuscht, wenn man ihn erklären hört, dass die Seele das sinnliche Vorstellungsbild in sich hineinnehme, um sich gleichsam von ihm durchdringen zu lassen, und es ihrerseits wieder zu durchgeisten, was denn nach anderweitigen schon bekannten Erklärungen Goethals' nur unter Hinwendung der Seele auf das geistige Urbild des Objectes oder im Lichte des Logos vor sich gehen kann. Hier liegt in der That die unklarste Fusion des aristotelischen und augustinischen Seelenbegriffes vor, in welcher keiner von beiden zu seinem Rechte kommt, sondern jeder von beiden durch seine Versetzung mit einem heterogenen Elemente getrübt und geschädigt wird. Der aristotelische Seelenbegriff schliesst seiner Natur nach jede illuministische Erklärung des intellectiven Erkennens aus; er hat vielmehr, wenn er ganz und vollkommen entwickelt werden soll, den abstract metaphysischen augustinischen Seelenbegriff dergestalt in sich aufzunehmen, dass er denselben in jenen eines activen lebendigen Formprincipes und Formwesens umsetzt, welches, die Wesensformen der gesammten sichtbaren Wirklichkeit in sich aufgehoben tragend, jede derselben bei gegebenem Anstosse von Aussen her activ aus sich hervorzustellen vermag. Diese Auffassung hat aber eine gründliche Auseinanderscheidung des erkennenden Subjectes und des Objectes der Erkenntniss zu seiner denknothwendigen Voraussetzung; die von der Einwirkung des sinnlichen Objectes erreichte und berührte Seele hält das in sie hineinleuchtende Sinnenbild desselben ausser sich, und gestaltet den ihm entsprechenden Geistgedanken desselben durch sich selber, und stellt ihn als etwas in ihr selber Erzeugtes aus sich hervor. Demzufolge ist wirklich, wie Goethals in der von Duns Scotus angezogenen Stelle (aus Quodlib. 4, qu. 7) behauptet, ganz nur die Seele allein Hervorbringerin des intellectiven Gedankens des Sinnenobjectes, nur dass dieser, um wahrhafter Geistgedanke zu sein, in der Idee des Objectes, d. i. im gottgedachten Gedanken des Objectes, vertieft werden muss. Der Einwand des Duns Scotus, dass die Seele als ausschliessliches Activprincip des Intellectivgedankens eines Sinnendinges stets im Stande actualer Intellection sein müsste,[1] trifft

---

[1] Si anima est totalis causa activa notitiae genitae et ipsa est materia disposita sive subjectum receptivum vel susceptivum respectu ejusdem, et ipsa est semper actu praesens, cum sit causa naturalis, semper erit actualis intellectio in ea, cujus

nicht zu, und hat nur vom abstract-metaphysischen Standpunkte des scotistischen Denkens aus Berechtigung. Duns Scotus bringt hier nämlich die Unterscheidung der vier aristotelischen Ursachen in Anwendung, welche, wie er sagt, von Goethals sämmtlich in die Seele selber hineinverlegt würden. Goethals mache die Seele zur causa materialis und causa efficiens des Intellectivgedankens, die beiden anderen Ursachen: causa formalis und finalis des Intellectivgedankens seien selbstverständlich mit der Hervorbringung desselben gegeben; da nun mit diesen vier Ursachen alles zur Hervorbringung des Gedankens Nothwendige gegeben sei,[1] so falle die Einwirkung des Objectes als überflüssig hinweg. Duns Scotus übersicht, dass es sich hier lediglich um Hervorbringung des Intellectivgedankens der Seele, nicht aber um die Erwerbung der Kenntniss vom Objecte als solchem handle, welches sich allerdings der Seele vernehmlich machen muss, damit diese den Intellectivgedanken desselben aus sich hervorzustellen veranlasst werde. Wenn Duns Scotus für die Materialursache des Gedankens von einem Sinnendinge die sinnliche Vorstellung von demselben hält, so ist diess allerdings wahr; man wird noch mehr sagen müssen, und den im Sinnenbilde erscheinenden Gegenstand als die Realursache, ja als die causa totalis des Vorhandenseins eines Gedankens vom Gegenstande in der Seele bezeichnen müssen, weil ohne das Berührtwerden der Seele vom Gegenstande der Gedanke von demselben in der Seele nicht vorhanden wäre. Aber der von der Aussenwelt in die Seele hineingeworfene Reflex der Dinge ist nicht der Intellectivgedanke derselben, welchen die Seele nur aus sich selbst hervorstellen kann, und dessen Materialgrund nur sie selber als Quodammodo omnia ens sein kann. Nur bringt die Seele zufolge ihrer Gebundenheit an die sinnliche Leiblichkeit in ihrer Berührung mit dem äusseren Sinnendinge nicht sofort unmittelbar den wahrhaften Geistgedanken des Dinges aus sich hervor; ihr Wirkungsvermögen ist gehemmt und verengert sich in ihrem nächsten und unmittelbaren Bestreben, das Ding nach seiner sinnlichen Erscheinung in sich aufzunehmen und in eine geistige Denkvorstellung umzusetzen. Aber eben in dieser sinnlichen Erscheinung bleibt ihr das Ding immerfort ein Aeusseres und Fremdes, und sie muss, wahrhaft auf sich selbst sich besinnend, sich sagen, dass sie, bei dem sinnlich Erscheinenden stehen bleibend, in einer Welt des Scheins sich befinde, dessen Imaginationen auf ihren wahrhaften Grund zurückzuführen, sie als die absolute Aufgabe ihres kosmischen Denkens ansehen muss. Wahrhaft auf sich selbst zurückgehend, kann sie die äussere Erscheinung eines Sinnendinges nur als den sinnlichen Widerschein des aus ihr selbst herausgesetzten Geistgedankens jenes Dinges erkennen, nur dass sie im Bewusstsein dessen, keine creative Potenz zu sein, ein von ihrem Willen und Zuthun unabhängiges Sein als Substrat und Träger der in ihr sich reflectirenden Erscheinung des äusseren Dinges anerkennen muss. Der Umstand aber, dass sie sich mit dem Dinge in einer ihrem immanenten Selbstleben subjicirten Region, in der Region der Sensation und sinnlichen Vorstellung begegnet, nöthiget sie, das Sein des in dieser Region ihr erscheinenden Dinges als ein ihrem eigenen Sein und Wesen unterstelltes Sein anzusehen, dessen

---

ipsa est causa, et cujus ipsa est causa de se, vel saltem aliqua, in quam ipsa potissime potest. Non enim potest poni imperfectio alicujus causae in se retenta prima hypothesi, nec non approximatio, nec impeditio, quia nihil videtur tunc impediens. 1 dist. 3, qu. 7.

[1] Fugere ad causam sine qua non, quae requiritur ad hoc, ut notitia gignatur, hoc est dicere, quod omnes per se causae non sunt sufficientes causae, sed requiritur aliquid aliud, a quo res causanda dependet essentialiter; ergo non erunt tantum quatuor causae sive quatuor genera causarum sed plura; vel aliquid dependebit essentialiter ab eo, quod non est causa ejus. Ibid.

Wahrheit nicht in ihm selbst, sondern in dem Gedanken liegt, der in ihm verwirklichet erscheint. Ohne noch eine bestimmte und sichere Erkenntniss von dem Stoffe zu haben, worin dieser Gedanke verwirklichet ist, wird sie auf die Erkenntniss einer stoffbildenden Macht des Denkens hingeführt, in welcher sie das objective Correlat ihres selbsteigenen denkmächtigen Ergreifens der Dinge erkennt. Dieses objective Correlat kann nichts anderes als der schöpferische Intellect der Dinge sein, auf welchen die Seele selber sich zurückbezieht, wenn sie den Intellectivgedanken des in der sichtbaren Wirklichkeit appercipirten Dinges aus sich hervorstellt. Die Selbstzurückbeziehung der Seele auf den schöpferischen Intellect der Dinge fällt zusammen mit ihrem Zurückgehen auf sich selbst, da sie den Wesensgedanken des Dinges eben aus sich selbst hervorstellt; ob sich dieses Hervorstellen etwa unter Hinblick auf die der Seele präsenten göttlichen Urbilder der sinnlich appercipirten Dinge vollziehe, oder ob die Wesensgedanken der Dinge der Seele concreirt seien, konnte eine Streitfrage abgeben, so lange die Seele nicht wahrhaft als die centrale geistige Fassung der Weltdinge begriffen war. Ist sie ihrem Wesen und ihrer Natur nach die active Fassung der Dinge, so muss sie auch das Vermögen einer denkhaften Actuirung der Wesensgedanken der Dinge aus sich selber haben. Nur werden diese Gedanken weit hinter die sinnliche Erscheinung der Dinge zurückgreifen — um so weiter, je schärfer und bestimmter sich die wahrhafte Beschaffenheit der Dinge von ihrer sinnlichen Erscheinung abhebt; die intellectiven Wesensgedanken der Seele werden jene sein, in welchen die den sinnlichen Stoff gestaltenden Gedankenmächte ergriffen werden, um aus ihnen heraus die wandelbaren und vergänglichen Formationen des Stoffes zu verstehen, als dessen absolute Form die Seele eben sich selber zu erfassen hat. Die Frage, was der Stoff an sich sei, mag hier auf sich beruhen bleiben; sicher ist, dass er in seinen Gestaltungen und Wandlungen vollkommen aufgeht, und dass er einzig die Bestimmung hat, die aussergöttliche Darstellung des denkhaften Inhaltes der ihn gestaltenden Gedankenmächte zu ermöglichen. Eben so sicher ist, dass sich in allen möglichen Formen und Wandlungen desselben nichts zum Ausdrucke bringen kann, was nicht im Wesen der Seele als Form aller Formen der Sichtbarkeit enthalten läge; nur dass das in der sichtbaren Wirklichkeit in eine unermessliche Vielheit wandelbarer Gestaltungen Auseinandergegangene im Sein des Seelenwesens in eine concrete Einheit zusammengenommen ist, welche gleichsam den Materialgrund des selbstigen Seelenwesens bildet. Aus diesem Materialgrunde des Seelenwesens setzt sich die gesammte intellective Gedankenwelt der Seele als selbsterzeugte, selbstgeschaffene innere Welt des Geistes heraus, die vollständig entwickelt das Universum in der Gesammtheit seiner Erscheinungen in sich reflectiren muss.

In dieser Weise wird nun freilich die Sache von Goethals nicht verstanden. Er und die Scholastiker insgemein denken stets nur an die intellective Erkenntniss der Einzeldinge als solcher, die sich natürlich nur auf das sinnlich Erscheinende in seiner unmittelbaren Gegebenheit bezieht. Die Artbegriffe der in ihrer unmittelbaren sinnlichen Erscheinung aufgefassten Dinge werden unmittelbar auf göttliche Gedanken oder Musterbilder dieser Dinge zurückbezogen, und diese hiemit zu Garanten der Wahrheit des sinnlich empirischen Bewusstseins gemacht. Der an sich richtige Satz, dass die Sinne als solche nicht täuschen, d. h. uns kein falsches Bild des sinnlich Erscheinenden als solchen unterschieben, wurde dahin verstanden, dass es gar keiner Umsetzung des sinnlichen Scheines in die richtige gedankenhafte Auffassung des Erscheinenden und keiner Zurückführung des Scheines auf die ihn veranlassenden Ursachen bedürfe, weil die unmittelbare sinnliche Auffassung unmittelbar auch schon die wahre sei. Demzufolge begriff man auch nicht die Unthunlichkeit einer unmittelbaren Beziehung des sinnlich Erscheinenden als solchen auf göttliche Ideen, oder vollends der Vielheit des sinnlich Erscheinenden auf eine entsprechende Vielheit der göttlichen Ideen, als ob nicht in der Gesammtheit des sinnlich Erscheinenden eben nur Eine Idee sich explicirte, deren Momente allerdings im göttlichen Denken in distinctester Weise sich auseinanderlegen müssen, aber nicht selbst wieder Ideen oder Wesensgedanken sein können, wofern es wahr ist, dass in der Gesammtheit des sichtbar Erscheinenden eben nur das Eine Grundwesen der Natur sich explicire und entwickele. Es war also in der That eine Selbsttäuschung, wenn Goethals und ähnlich Gesinnte im Lichte der göttlichen Idee die Wesensbegriffe der einzelnen Sinnendinge zu erkennen glaubten; alle Scholastiker ohne Unterschied aber, ob Platoniker, ob Aristoteliker, verkannten, wie sehr der menschliche Intellect, um zum Geistgedanken der sinnlich erscheinenden Dinge zu gelangen, dieselben ausser sich zu halten habe, damit nicht der sinnliche Schein derselben sich störend und beirrend in die intellective Auffassung des Dinges dränge, und dieser als das wahrhafte Sein des Dinges sich unterschiebe. Die scholastische Speculation bezog sich in ihren erkenntnisstheoretischen Anschauungen auf Aristoteles und Plato zurück; aber Aristoteles sowohl als Plato fasste das sinnliche Ding bloss nach seiner unmittelbaren Gegebenheit ins Auge, und gingen nur in der Frage auseinander, ob man das Wesen des Dinges in dem Dinge selber oder ausser und über demselben in der überzeitlichen Idee des Dinges zu suchen habe. Nachdem man nun bereits mit Aristoteles die menschliche Seele als die Form der Formen, als die höhere wahrhafte Zusammenfassung aller sinnlichen Formen erkannt hatte, so hätte man immerhin erkennen sollen, dass man die Wesensform des einzelnen Sinnendinges nicht mehr auf ein Höheres über der menschlichen Seele zurückbeziehen, sondern in der sichtbaren Wirklichkeit, wie sie uns Menschen sich darstellt, nur die dem Wesen der menschlichen Seele congruente Erscheinungs- und Darstellungsform des göttlichen Weltgedankens zu erkennen habe, dessen Geistinhalt die Seele eben nur aus der Tiefe ihrer selbst schöpfen und hervorstellen kann. Die scholastische Erkenntnisstheorie aber bewegte sich ausschliesslich auf der Berührungslinie, in welcher die wahrnehmende Seele mit den sinnlichen Erscheinungen der Dinge zusammentrifft, und beschränkte sich auf die Denkbeziehungen der wahrnehmenden Seele auf die sinnliche Erscheinung der Einzelobjecte. Sofern nun diese von der unmittelbaren sinnlichen Erscheinung abhängig gemachte intellective Auffassung der sichtbaren Wirklichkeit auf das göttliche Denken zurückbezogen wird, erwächst für die scholastische Speculation das Dilemma, auf eine Erklärung der im Artbegriff enthaltenen Individualexistenzen als solcher aus der göttlichen Idee verzichten zu müssen, oder umgekehrt unmittelbar alle Sonderdinge sammt ihren Constituenten ins göttliche Denken zu verlegen, wie wir es bei Duns Scotus geschen haben. Das Eine wie das Andere hängt mit einer unrichtigen Fassung des menschlichen Wesensdualismus zusammen. Wird die Seele so tief in die sinnliche Leiblichkeit versenkt gedacht, dass, wie bei Thomas, der Intellect als passiver Recipient der Formen der Dinge erscheint, so geht er auch in der Apprehension dieser Formen auf, und das singuläre Ding hat für ihn keine andere ideelle Bedeutung als jene, Mittler der Apperception jener Formen zu sein. Duns Scotus ist wohl bemüht, die Seele leibfreier zu fassen; aber es ist nur die leibliche Stofflichkeit, welche nach seiner Auffassung von der Seele ausser sich gehalten wird; daher dann das Ding allerdings nach seiner sinnlich-stofflichen Singularität ihm bedeutsamer gegenübertritt, aber ohne tiefere Fassung seines concreten Seins, das eben einfach nur aus einer göttlichen Gedankensetzung erklärt wird. Dieses concrete Ding lässt er nach der unmittelbaren empirischen Gegebenheit desselben in die Seele derart hineingenommen werden, dass es nach seiner sinnlichen Erscheinung in der sensitiven Seele, nach seinem Wesensbegriffe in der intellectiven Seele vorhanden, also die Seele ganz und vollkommen von der Gegenwart des empirischen Dinges so zu sagen in Besitz genommen ist. So sehr demnach auch Duns Scotus gegen die Passivität des thomistischen Intellectes polemisirt, so ist doch auch er selbst völlig ohne Kenntniss von dem aus der Seele selbst herausgesetzten Gedanken des Dinges, er weiss nur um den durch die sinnliche Erfahrung ihr aufgedrungenen Gedanken und Begriff desselben. Dass die Seele, um sich auf das aus der Tiefe ihres selbsteigenen Wesens geschöpfte Verständniss der durch die sinnliche Erfahrung ihr vermittelten Kenntniss der Aussenwelt besinnen zu können, mit der stofflichen Leiblichkeit auch den durch Vermittelung derselben erlangten sinnlichen Vorstellungsinhalt ausser sich halten müsse, um den nöthigen Raum und die nöthige Freiheit zur geistigen Hervorstellung des in sie hineingeworfenen sinnlich-empirischen Weltbildes zu gewinnen, war ein der peripatetischen Scholastik völlig fremder Gedanke; die Auseinanderscheidung des denkenden Subjectes von dem geistig zu denkenden und intellectiv zu erfassenden Objecte hatte sich noch nicht vollzogen — die Tiefen des Selbstdenkens waren auf ihrem Standpunkte noch nicht aufgeschlossen. Der Grund dessen ist wohl kein anderer als dieser, dass, nachdem man von der ontologisch-metaphysischen Auffassung des Seelenwesens durch Augustinus zur Fassung desselben als Wesensform des Leibes fortgeschritten war, die Lebensthätigkeit der Seele nur nach der von der sinnlichen Leiblichkeit beeinflussten Seite ihres Lebens und Thätigseins ins Auge gefasst wurde. Hatte Augustinus die Seele wegen ihrer Geistigkeit für eine Gott nächststehende Wesenheit erklärt, so sahen die peripatetischen Scholastiker in ihr als Wesensform des Leibes das unterste, an die Stoffwelt angränzende und mit derselben sich berührende Geistwesen, dessen Leben und Thätigsein ausschliesslich in der Wechselwirkung mit der sinnlich-irdischen Daseinswelt vor sich gehe. Wenn Duns Scotus dadurch, dass er dem stofflichen Leibe eine besondere von der Seele verschiedene Wesensform zuschrieb, dem seelischen Wesen einen grösseren Grad von Selbstigkeit und Unabhängigkeit vindiciren zu wollen schien, so bedeutete diess, wenigstens zunächst und unmittelbar, durchaus nicht den Durchgang zu einer vermittelteren Auffassung des Verhältnisses zwischen dem denkenden Subjecte und der ihm gegenüberstehenden objectiven Wirklichkeit, sondern eher einen theilweisen Rückgang auf die augustinische Anschauung vom Seelenwesen, welcher sich noch entschiedener bei Goethals vollzog. Gleich Scotus schrieb auch Goethals dem stofflichen Leibe eine vom Seelenwesen unterschiedene Wesensform seines körperlichen Seins zu; er kam aber zu keiner Klarheit darüber, ob er die intellective Seele vom Körper desshalb bestimmter abscheiden solle, weil sie Gott ungleich näher stehe als das Körperliche, oder desshalb, weil sie einen geistigen Wesensgehalt in sich schliesse, zu dessen Entfaltung ihr eine grössere Unabhängigkeit von den durch die sinnliche Leiblichkeit vermittelten Einwirkungen der sinnlichen Aussenwelt zugestanden werden müsse. Das Erstere liesse sich vermuthen, wenn Goethals unter Verwerfung der Species intelligibiles, welche Thomas und Scotus durch die Einwirkung der Sinnendinge in der Seele entstehen lassen, die Dinge im

Lichte der göttlichen Wahrheit erkannt werden lässt; das Letztere liesse sich annehmen, wenn man ihn zeitweilig an die Lehre von angebornen Wesensbegriffen der Dinge anstreifen sieht. Auf die Annahme von angebornen Wesensgedanken der Dinge sind wir an einem früheren Orte[1] schon bei Albertus Magnus gestossen; im Zusammenhange aber mit der platonisirenden Auffassung des Verhältnisses der Seele zum Leibe und mit einer augustinisch platonisirenden Erkenntnisstheorie, wie sie bei Goethals vorliegt, greift Goethals' Hinwendung auf die Lehre von angebornen Ideen dem Cartesianismus vor, dessen spiritualistisch-idealistische Erkenntnisstheorie sich ja aus dem bewussten Gegensatze zu dem abgeworfenen speculativen Peripatetismus herausbildete.

Duns Scotus stellt der Berufung des Goethals auf den Platoniker Augustinus die Berufung auf den Theologen Augustinus oder den Augustinus der späteren Epoche entgegen, und diess nicht unbefugt, wenn er gegen Goethals die Bedeutung der Memoria als eines Vermögens der intellectiven Seele zu erhärten sucht. Im Illuminismus des Goethals fällt die Memoria als überflüssig hinweg. Goethals weiss von keiner Species intelligibilis als Reflex des Sinnendinges im Intellecte,[2] kann demzufolge auch nicht von einer Aufbewahrung der Species impressa im Intellecte, d. h. von keiner Memoria intellectiva, sprechen. Scotus missbilliget aber auch den von Thomas[3] angegebenen Grund für das Statthaben einer solchen Aufbewahrung. Thomas begründet nämlich dasselbe durch einen Schluss a minori ad majus; wenn die sensitiven Potenzen fähig seien, die durch die Sinneseindrücke recipirten Sinnesbilder der Dinge zurückzubehalten, so müsse die intellective Potenz, die im Range ungleich höher steht, um so mehr die Species intelligibiles zu retiniren vermögen. Duns Scotus spricht zufolge seiner antispeculativen Ansicht von der Univocität alles Seins diesem Schlusse a minori ad majus die zwingende Beweiskraft ab;[4] und gesteht bloss so viel zu, dass eine Vollkommenheit, die der sensitiven oder imaginativen Potenz zukommt, auch dem Intellecte nicht abgehen könne, und diess um so weniger, da sich keine Gründe eruiren lassen, aus welchen das Fehlen einer solchen Vollkommenheit zu erweisen wäre. Nichts ist mehr zum Wirken disponirt, als das Principium formale agendi, und doch muss es nicht ein stets wirkendes sein, sondern kann einem Wirkenden auch nach Vorübergang der actuellen Bethätigung ruhend innewohnen; gesetzt also, die dem Intellecte imprimirte Species sei das Principium formale des Intellectionsactes, so kann sie doch ohne actuelle Intellection im Intellecte vorhanden sein. Die Species kann natürliche Ursache des Intellectionsactes sein, ohne desshalb nöthigende Ursache desselben sein zu müssen; und letzteres ist sie, weil der Act der Intellection nicht mit physischer Nöthigung vor sich geht. Ein habituelles Vorhandensein der Species im Intellecte kann man demselben auch darum nicht absprechen, weil es neben der actuellen Intellection auch eine essentielle Vermöglichkeit zu derselben

---

[1] Denkschriften d. kais. Akad. d. Wiss. Bd. XXV, S. 141 (Separatabdr. S. 73).
[2] Dasselbe gilt von Gottfried von Fontaines, daher Duns Scotus (1 dist. 3, qu. 4; Op. Paris.) Beide: Goethals und Gottfried, unter Einem bekämpft. Darnach ist das von Prantl (Gesch. d. Log. III, S. 197 f.) über den Thomismus Gottfrieds Beigebrachte einiger Massen zu modificiren. Est opinio duorum doctorum — bemerkt Duns Scotus l. c. — negantium speciem impressam, ponendo tantum actum intelligendi imprimi ab objecto, quia relucet in phantasmate. In Bezug auf Gottfried werden l. c. dessen Quodlibetica IX, qu. 19 citirt.
[3] 1 qu. 79, art. 6.
[4] Haec ratio, quamvis sit quaedam convenientia, non tamen necessario concludit; quia intelligere non est firmius manens in intellectu, nec velle in voluntate, quam sentire in sensu, quamvis sint potentiae nobiliores et perfectiores, et nobiliori modo habentes suos actus secundos. 1 dist. 3, qu. 5. (Op. Paris.).

gibt, in deren Stand der Intellect durch Conservirung der imprimirten Species in der Memoria versetzt wird.

Die Lehre vom Gedächtniss unterlag in der Entwickelung der mittelalterlichen Psychologie mancherlei Wandlungen. Augustinus hatte in der Memoria eines der drei Grundvermögen der Seele als solcher erkannt; die aristotelische Psychologie wies das Gedächtniss der Sinnenseele zu, und beschränkte die intellective Thätigkeit auf das Erkennen und Wollen. Wollte man nun Aristoteles mit Augustinus concordiren, so konnte diess formell nur dadurch geschehen, dass man, wie es die peripatetischen Scholastiker insgemein thaten, die Lehre von der intellectiven Memoria, die Aristoteles nicht kennt, als eine Abtheilung der Lehre vom intellectiven Erkennen behandelte. Wir haben aber an einem anderen Orte[1] gesehen, dass Albert, welcher der erste entschieden auf der peripatetischen Philosophie fusste, neben dem Sinnengedächtniss auch ein intellectives Gedächtniss zugab, während Wilhelm von Auvergne, der gleichfalls schon vielfach mit aristotelischer Psychologie sich befasst hatte, durch Ablehnung der peripatetischen Abscheidung der Seelenvermögen vom Seelenwesen die für Albert sich ergebenden Schwierigkeiten in Zulassung eines Intellectivgedächtnisses beseitigte. Gegen die aristotelische Lehre vom Sinnengedächtniss hatte Wilhelm nichts einzuwenden, da dieselbe auch bei Augustinus sich vorfand; nur betrachtete er das bloss ins Sinnengedächtniss Aufgenommene nicht als ein eigentliches Eigenthum der Seele, sondern er sah es für etwas bloss im menschlichen Gehirne Hinterlegtes an.[2] Daraus folgt indess, dass das selbsteigene Gedächtniss der Seele doch nur ein intellectives sei, indem nur das Gedachte ihr geistig zu eigen wird. Auf diesem Standpunkt steht auch Duns Scotus, der sonach auch bezüglich dieses Punktes sich rühmen kann, von seinem Standpunkte eine Rückvermittelung des Peripatetismus in den Augustinismus vollzogen zu haben. So sehr betont er die Intellectivität des Gedächtnisses, dass er sogar zweifelt, ob man den Thieren ein Gedächtniss zugestehen könne; was bei Thomas noch als Function des sinnlichen Gedächtnisses genommen wird, erklärt Duns Scotus bereits als intellective Function. Thomas lehrt,[3] dass die Memoria als Bewahrerin der Species allerdings dem intellectiven Theile der Seele, das Gedächtniss des Vergangenen als Vergangenen aber der sensitiven Seele angehöre. Für Duns Scotus ist das Vergangene als Vergangenes das Wesentliche der Gedächtnissfunction des Sich-Erinnerns (Recordatio) — aber nicht jedes Vergangene, sondern speciell ein der Vergangenheit angehöriger Act dessen, der sich erinnert.[4] Daraus folgt, dass die Erinnerung in der Zeit vor sich geht und mit der Wahrnehmung der

---

[1] Denkschr. XXV (siehe vor. Seite, Anm. 1) S. 135 (Separatabdr. S. 67).
[2] Dico igitur in hoc, quod possibile est et forte necesse, ut memoriae multae pereant, praesertim rerum particularium et sensibilium, quae sunt occulto in thesauro memorativae, quae sunt in anima, quod dico propter hoc, quod memoriae, quae sunt in anima h. e. quarum signa in ipsa anima impressa sunt, non est necesse, ut abradantur ab ea per mortem corporis; illa vero quae in antedicta cellula capitis solummodo impressa sunt, in ea tanquam in thesauro reposita, revera non solum per mortem corporis, sed per vulnerationem interdum ipsius cellulae amittuntur. Hujus autem exemplum est in eo, qui scit utique legere et intelligere in libro suo, cum illum inspicit solummodo; quam cito autem ei subtrahatur, subtrahitur illi scientia illorum, quae legebat et intelligebat in eo; causa autem in hoc est, quoniam de lectis et intellectis nihil apud animam suam thesaurizavit. . . . . Phantasmata igitur quae extra animam sunt, videlicet in quacunque ex tribus cellulis capitis humani, non est mirum, si sublato capite toto vel vulnerato aliquae illarum vel in toto vel in parte amittuntur; ea vero, quae in ipsa animae essentia jam collocata et fixa, non est necesse amitti. Gulielm. Alvern. De anim. Cap. VII, Pars 15.
[3] 1 qu. 79, art. 6.
[4] Non quodcunque objectum praeteritum est objectum memoriae sive actus recordativi, sed tantum actus praeteritus recordantis, inquantum praeteritus est, dicitur principium et immediatum objectum memoriae. 4 dist. 45, qu. 3 (Op. Paris.).

Zeit verbunden ist, dass ferner das Object der Erinnerung nicht selber, wohl aber in seinem Bilde oder in seiner Species gegenwärtig sei.[1] Daraus wird weiter gefolgert, dass, man mag die Potentia recordativa als einfache oder zusammengesetzte Potenz fassen, jedenfalls der Act der Memoria nicht ohne Mitwirkung des Intellectes und der Einbildungskraft (Phantasia) vor sich gehen könne. Der Intellect muss der Erinnerung das in ihm aufbewahrte Bild darbieten, das seinerseits wieder nicht ohne Beziehung auf das Sinnenbild sich repräsentiren kann. Dass das Erinnern als solches durchaus in der intellectiven Sphäre vor sich geht, begründet Duns Scotus speciell daraus, dass es mit der Wahrnehmung des Zeitunterschiedes verbunden ist, und dass die Potentia recordativa eine Immutation durch den Act der Recordation erleidet, während die sensitive Potenz nicht von einem Acte ihres Erinnerns, sondern bloss von dem Objecte der Erinnerung eine Immutation erfährt.[2] Das menschliche Gedächtniss erweist sich schon durch seinen inneren Zusammenhang mit den Tugenden der Klugheit und Gerechtigkeit als ein specifisch intellectives Vermögen,[3] während es zweifelhaft ist, ob man den Thieren ein Gedächtniss zuschreiben soll. Denn die Acte der Thiere, aus welchen man auf ein Gedächtniss derselben schliesst, z. B. der Ameise, die zu dem Orte, von welchem sie ein erstes Korn weggetragen hatte, wiederkommend ein zweites, drittes holt, die Erkenntlichkeit der Thiere oder ihr Nachtragen erlittener Beleidigungen, die Dressur gezähmter Thiere, lassen sich ohne Gedächtniss aus den ihnen eingedrückten Sinnenbildern erklären. Dem steht nun allerdings die Auctorität des Aristoteles entgegen, der die Gedächtnissfunction der Sinnenseele zuweist. Duns Scotus will die von Aristoteles gegebene Begründung nicht eben verwerfen, kommt jedoch zu dem Resultate, dass, wenn sich ein Erinnern des Thieres auf einen selbsteigenen Act ohne Annahme einer Reflexion[1] nicht denkbar machen lassen sollte, dem Thiere das Gedächtniss abgesprochen werden müsste. Daraus, dass man dem Thiere das Gedächtniss abspricht, folgt freilich noch nicht — fährt Duns Scotus weiter — dass es in uns der intellectiven Seele eignen müsse; indess könne man sich immerhin auch auf Aristoteles berufen. Er sagt in seiner Schrift de Memoria et Reminiscentia, in welcher er das Gedächtniss ausschliesslich der Sinnenseele zuweist, dass sich das Gedächtniss intelligibler Acte, z. B. der erlernten Wahrheit, dass das Dreieck drei Winkel habe, erinnern könne. Dieser Erinnerungsact kann aber doch gewiss nur ein Act des Intellectes sein, weil auch das erste Denken jener Wahrheit ein Act des Intellectes war. Es steht ferner fest, dass die Reminiscentia ein Act derselben Potenz sein müsse, welcher die Recordatio angehört. Wenn nun das Reminisci als

---

[1] Sic igitur patet, quod potentia recordativa est ipsius speciei primo, dein ipsius actus, tertio ipsius objecti, ad quod terminatur ille actus. L. c.

[2] Licet enim sensus superior possit recordari de actu sensus inferioris, non tamen potest recordari de actu suo dum est; nec sensus essentialiter superior, nec inferior potest recordari de aliquo actu sive sui sive alterius, ut actus praeteritus est, quia nullus actus potentiae sensitivae est reflexivus super se, nec superior sensus hoc potest, quia superior quinque sensibus; quia visio, quae actu est colorati, non est visibilis; et ita est de actibus aliorum sensuum. L. c.

[3] Experimur intellectionem praeteritorum in nobis, non solum eorum, quae sunt praeterita, imo inquantum praeterita, alioquin intellectio sive memoria praeteritorum non esset pars prudentiae contra Tullium libr. 2 de inventione. Similiter ex hoc sequitur, quod non esset justitia in parte intellectiva, quia nulla esset recordatio de meritis, nec de peccatis commissis, et sic nullus posset juste praemiari nec juste puniri. L. c.

[4] Dico quod phantasma in brutis recordatur actus proprii dum est, non per reflexionem, sed pro quanto actus suus reducitur aliquo modo ad subjectum suum, non per alium actum, sicut visio aliquo modo dicitur colorata et ideo quodammodo visibilis, et inquantum videt se videre ..... Vel si hoc non placet, oportet dicere, quod in brutis non est virtus vel potentia recordativa. L. c.

discursive Thätigkeit[1] sicher dem Intellecte angehört, so muss dasselbe auch von der Recordatio gelten. Freilich folgt daraus noch nicht, dass es nicht auch eine Erinnerung der sensitiven Potenzen gebe. Aber die Erinnerung an Acte des Intellectes und Willens gehört gewiss nur dem Intellecte an; und bei intellectiven Erinnerungen an sinnenfällige Dinge dienen die sensitiven Potenzen nur als Hülfskräfte.

Duns Scotus behandelt, wie aus dem Gesagten hervorleuchtet, das Erinnern durchwegs nur als einen freien, selbstthätigen Act der Seele, woraus dann freilich mit Nothwendigkeit folgt, dass es eine intellective Thätigkeit sei und den Thieren abgesprochen werden müsse. Man kann seine Erklärungsweise im Gegensatze zu jener anderer Scholastiker, welche an der aristotelischen Grundauffassung festhielten, die intellectualistische Erklärungsweise nennen, die von einer pragmatisch-psychologischen Auffassung und Beleuchtung des Vorganges des Erinnerns wohl am allerweitesten entfernt ist. Dass es ausser der selbstthätig gewollten Wiedererinnerung auch eine unfreiwillige und unwillkürliche Erinnerung gebe, und dass diese nach gewissen Gesetzen vor sich gehe, lag völlig ausser dem Bereiche seiner Beachtung. Die philosophische Lehre vom Gedächtniss beginnt geschichtlich mit der platonischen Lehre von der Wiedererinnerung, welche man sofort auch als einen ahnungsvollen Griff in die tiefste Mitte der Sache, als Versuch einer tiefsten speculativen Fassung der Idee des menschlichen Gedächtnisses ansehen darf. Das Gedächtniss erscheint hier als Besinnung der Seele auf sich selbst, auf ihr tiefstes Wesen, und auf all das Hohe und Tiefe, was in der Idee desselben liegt. Aber freilich wird diese Selbstbesinnung der Seele noch nicht nach ihrer vollen, wahrhaften Tiefe gefasst; Plato verlegt den Gegenstand der Seelenerinnerung ausser die Seele, und so beschränkt sich die Erinnerung nach ihrem eigentlichen Gedankengehalte nur auf den himmlischen Ursprung und Adel der Seele, ohne Erkenntniss dessen, was im Wesen der Seele als solcher liegt. Diese einseitig idealistische Auffassung der Seelenerinnerung rief als ihren Gegensatz die vorwiegend empiristische aristotelische Auffassung des Gedächtnisses hervor; der Erinnerung an das vorzeitliche Sein wird die Erinnerung an das zeitlich Vorhergegangene substituirt, und der Sitz derselben in das sinnliche Vorstellungsleben verlegt. Das eigentliche Gegenbild der platonischen Wiedererinnerung ist bei Aristoteles die vom Gedächtniss (μνήμη) unterschiedene Reminiscentia (ἀνάμνησις) oder das Besinnen auf das im Schatze des Gedächtnisses Hinterlegte. Die Wiedererinnerung erfolgt durch eine Reihe von Bewegungen, durch welche wir der dem gesuchten Objecte der Wiedererinnerung nächstliegenden Vorstellung nahezukommen streben, in der Erwartung, dass durch diese die gesuchte Vorstellung aufgeweckt werde. Gelingt es uns, von dem Ausgangspunkte unseres Suchens durch uns selber, d. h. durch eine wenigstens theilweise Reproduction jener Bewegungen, in deren Abfolge wir zuerst auf die gesuchte Vorstellung hingeführt wurden, dieselbe zu erreichen, so hat die Wiedererinnerung statt: im entgegengesetzten Falle sind wir an das Neu-Lernen des Gesuchten durch Hilfe eines Anderen angewiesen. Dem gegenüber heisst es in Plato's Menon,[2] dass alles Forschen und Lernen Wiedererinnerung sei. Bei Augustinus verwandelte sich dieses durch

---

[1] Reminisci est quidam discursus non syllogisticus, ut docetur in libro de Memoria et Reminiscentia. Reminisci est ex quibusdam consequentiis prioribus secundum tempus, ex quibus potest recuperare perfectam memoriam ejus, cujus prius habuit imperfectam vel imperfecte. Quandoque tamen potest esse iste discursus reminiscentiae vel recordationis actus syllogisticus, ut quando prius occurrunt memoriae nostrae principia quam conclusiones, et deducendo principia reminiscitur conclusionum et recordatur. L. c.

[2] Menon p. 81.

menschlichen Unterricht angeregte Wiedererinnern Plato's in ein Erkennen im Lichte der göttlichen Wahrheit,[1] dessen Höhengrad Augustinus von der ethischen Disposition des Menschen abhängig macht. Mit dieser augustinischen Anschauung liess sich recht wohl die aristotelische Auffassung des Gedächtnisses vereinbaren, daher Goethals[2] im Einklange mit Aristoteles das Gedächtniss der Phantasia, d. h. dem sinnlichen Vorstellungsvermögen zuwies, in dessen Kraft der Intellect sich erinnere. Die Erwiderung des Scotus, dass nach Aristoteles auch das intellective Denken nicht ohne sinnliches Vorstellen statthabe, beweist nicht, dass Goethals mit Ungrund auf Aristoteles sich berufe; im Gegentheile dürfte Goethals' Behauptung, dass der Intellect die Erinnerung in Kraft des sinnlichen Vorstellungsvermögens vollziehe, die aristotelische Lehre vom Erinnern und Wiedererinnern ziemlich genau wiedergeben. Duns Scotus urgirt, wie wir hörten, dass Erinnerung und Wiedererinnerung derselben Potenz angehören müssen, die Wiedererinnerung aber von Aristoteles selber ausdrücklich dem Intellecte zuerkannt werde. Diess Letztere ist jedoch nur mit Einschränkung zuzugeben; Aristoteles sagt, dass die Wiedererinnerung dem Menschen zukomme, weil er zu schliessen und zu überlegen vermöge und die Wiedererinnerung eine Art von Schlussverfahren sei. Daraus folgt aber bloss so viel, dass das Wiedererinnern ein unter Obmacht des Denkens in der Seele zu Stande kommender Vorgang sei; dieser erscheint zugleich auch als Naturvorgang, wenn man Aristoteles sagen hört, dass man behufs Wiedergewinnung einer bestimmten Erinnerung von etwas ausgehe, was demselben nahe, ähnlich oder auch entgegengesetzt sei. Denn da handelt es sich doch gewiss nicht um eine logische Verkettung zwischen dem Ausgangspunkte und dem aufzuspürenden Objecte der Wiedererinnerung, sondern um Erwirkung einer nach den Gesetzen der Ideenassociation erfolgenden Resuscitation der Vorstellung oder des Objectes, dessen man sich entsinnen will. Man muss sich wundern, dass Duns Scotus, der den Willen so sehr betont, nicht darauf kam, die Reminiscenz, soweit sie die active Resuscitation einer aus der Erinnerung geschwundenen Vorstellung bedeuten soll, als einen durch einen Willensact bedingten Vorgang im Seelenleben zu fassen. Freilich hätte dann dasselbe auch vom activen Erinnern an eine noch nicht aus dem Gedächtniss geschwundene Vorstellung gesagt werden müssen, und es hätte insgemein zwischen willentlicher und unwillkürlicher Erinnerung und Wiedererinnerung unterschieden werden müssen. In beiden Fällen aber ist das Erinnern als ein Naturvorgang in der Seele zu fassen, nur mit dem Unterschiede, dass derselbe entweder von selbst erfolgt oder durch den selbstthätigen Willen des Menschen sollicitirt wird. Die Unterscheidung zwischen bewusster, absichtlicher Erinnerung und unwillkürlichem Aufleben gehabter Vorstellungen würde dem Scotus zum Theile vielleicht auch über seine Bedenken gegen ein thierisches Gedächtniss hinweggeholfen haben, obschon es richtig ist, dass in wahrhaftem Sinne nur dem Menschen das Erinnern zukommen könne, weil nur er eine wahrhafte Innerlichkeit hat. Daraus folgt aber, dass das wahrhafteste, tiefste Erinnern des Menschen Selbsterinnerung, Besinnung auf sich selbst, auf sein eigenstes Wesen sei, Besinnung auf das, was in den Tiefen seines Wesens ruht. Duns Scotus, der

---

[1] Vgl. Augustin. de Magistro c. 11: De universis, quae intelliginus, non loquentem, qui personat foris, sed intus ipsi menti praesidentem consulimus veritatem, verbis fortasse, ut consulamus admoniti. Illum autem qui consulit, docet qui in interiori homine habitare dictus est Christus i. e. incommutabilis Dei atque sempiterna sapientia, quam quidem omnis rationalis anima consulit, sed tantum cuique panditur, quantum capere propter propriam sive malam sive bonam voluntatem potest.
[2] Quodlib. XIII, qu. 7.

die geistige Vergegenwärtigung vorausgegangener Acte und Erfahrungserlebnisse des sich Erinnernden als das eigentliche Wesen der Erinnerung ansieht, hält sich an die rein empirische Seite des Gedächtnisses, und bekundet hiemit, dass ihm der speculative Begriff desselben fremd ist. Thomas Aquinas' streift gelegentlich einmal an den Versuch an, das intellective Gedächtniss der Seele aus dem Wesen derselben zu erklären; es handelt sich nämlich für ihn darum, die Ansicht des Avicenna zurückzuweisen, welcher das intellective Gedächtniss der menschlichen Seele durch die Erleuchtungen des ausserhalb und überhalb der Seele wesenden Intellectus agens ersetzen will. Allein im Gegensatze zu dieser Anschauungsweise kommt Thomas bloss dazu, eine Retentionskraft der intellectiven Seele zu erweisen; wenn bereits rein leibliche Wesen wie die Thiere, empfangene sinnliche Eindrücke in sich zurückbehalten können, so müsse die intellective Seele, die ungleich höher stehe, um so mehr vermögend sein, die in sich aufgenommenen Eindrücke zurückzubehalten. Thomas begründet diese seine Argumentation aus dem höheren Grade der Immobilität und Stabilität, welcher der intellectiven Seele als immaterieller Wesenheit im Gegensatze zum rein materiellen Wesen des Thieres zukommen müsse.[2] Dieser Auffassung liegt ohne Zweifel die Ansicht zu Grunde, dass die Seele als universale Wesenheit in höherer Weise alles dasjenige sei, was in der Gesammtheit aller besonderen Sinnendinge sich darstelle; woraus dann allerdings von selbst folgt, dass die in ihr suscitirten Gedanken der Sinnendinge dauernd in ihr aufgehoben bleiben müssen, wenn sie auch die Gedanken der einzelnen geistig appercipirten Dinge nicht jederzeit actuell sich vergegenwärtiget.[3] Diess kann indess doch nur von den Ideen der Dinge gelten, die etwas von den empirischen Apperceptionen der anschaubaren Wirklichkeit durchgreifend Verschiedenes sind, und auf den gedankenhaften Gehalt der Sinnendinge gehen, der eben in diesen nicht aus ihnen hervorgezogen, sondern in sie hineingeschaut wird, indem er auf die in ihnen verwirklichte und darum ihnen zu unterlegende Idee geht. Die Ideen der Dinge aber kann die Seele nur aus sich selbst schöpfen; und nur diese Ideen sind ihr unverlierbar eigen. Demnach kann auch die Memoria, im speculativen Sinne und als ein der Intelligentia und dem intellectiven Seelenwillen ebenbürtiges Vermögen verstanden, nur die lebendige Selbsterinnerung und geistige Selbstbesinnung der Seele bedeuten, aus welcher sich das ideelle Verständniss ihrer selbst und der denknothwendigen Correlate ihres selbsteigenen Wesens herauszusetzen hat. Die Seele kann nicht mehr und nichts Anderes bleibend in sich aufnehmen, als was sie selbst ist, und alles in sie dauernd Aufgenommene muss die Form ihres eigenen Wesens annehmen, aus welchem sie das in sich Aufgenommene in lebendiger Erinnerung oder Selbstergründung wieder hervorstellt, um es sich actuell zu vergegenwärtigen. Wie sie die Welt geistig in sich hineinnimmt, so geht auch Gott in sie ein; und wie sie für die Reception Beider als der denknothwendigen Correlate ihres selbsteigenen Seins geschaffen ist, so stellt sie auch die Gedanken Beider aus sich selbst hervor, und wirkt in der continuirlichen Selbsthervorstellung Beider den absoluten Inhalt ihres Lebens aus. Jede Seele ist ein geistiges Weltcentrum; darin, dass die Seele als ein solches Centrum in lebendiger Weise und

---

[1] qu. 79, art. 6.
[2] Quod enim recipitur in aliquo, recipitur in eo secundum modum recipientis. Intellectus autem est magis stabilis naturae et immobilis, quam materia corporalis. L. c.
[3] Thomas beruft sich hiefür auf die Auctorität des Aristoteles Anim. III, p. 429. a, l. 27: Καὶ εὖ δὴ οἱ λέγοντες τὴν ψυχὴν εἶναι τόπον εἰδῶν, πλὴν ὅτι οὔτε ὅλη, ἀλλ᾿ ἡ νοητική, οὔτε ἐντελεχείᾳ ἀλλὰ δυνάμει τὰ εἴδη. Zu den Worten: τόπος εἰδῶν bemerkt Thomas (Comm. in libros de Anima III, lect. 7): Quod per similitudinem dicitur, eo quod est specierum receptiva.

continuirlicher Activität sich bekundet, besteht das Wesen der nach ihrer speculativen Bedeutung gefassten Memoria als eines dem intellectiven Denken und Wollen der Seele congenialen Vermögens. Die Seele ist als geistiges Weltcentrum ein lebendiger Spiegel des Universums; jede Seele ein Spiegel, in welchem alle Strahlen der leuchtenden Wirklichkeit convergiren, auf dass in jeder Seele als Sondercentrum auf eigenartige Weise das gesammte Weltbild sich heraussetze gemäss dem Spruche: Universum in quolibet diverse.

Die augustinische Lehre von der Memoria ist nicht vollkommen in sich vermittelt, die empirische und speculative Auffassung derselben durchdringen sich nicht wechselseitig, oder vielmehr, Augustins Streben nach einer tieferen Fassung der Memoria dringt nicht bis zum speculativen Begriffe der Memoria vor. Grund dessen ist sein metaphysisch abstracter Grundbegriff vom Seelenwesen, welchen er allerdings in der späteren Epoche seines ausgereiften geistigen Schaffens zu verlebendigen strebte, ohne jedoch das Seelenwesen im tiefsten Grunde seiner Vitalität zu ergreifen. Denn seine Trilogie Memoria, Intellectus, Voluntas betrifft doch nur das bewusste intellective Denkleben der Seele, abstrahirt aber[1] von dem, diesen drei Hauptthätigkeiten zu Grunde liegenden intellectiven Grundtriebe des Seelenwesens, dessen Berücksichtigung ihn wohl hätte dazu führen müssen, die Memoria noch tiefer zu fassen, als er sie in der That fasst, wenn er sie als Selbstbewusstsein der Seele versteht. Dieser Auffassung ist in unvermittelter Aeusserlichkeit die empirische Auffassung der Memoria als Gedächtniss im gewöhnlichen Sinne des Wortes angefügt, und hiemit schon angezeigt, dass jenes Dritte, in welchem als der lebendigen Memoria Selbstgedanke und habituelles Wissen um Anderes Eins sind, im Denken noch nicht ergriffen ist, obschon es bei Augustinus nicht an Aeusserungen fehlt, in welchen die Coincidenz der Erfassung des ausser der Seele Seienden mit der lebendigen Selbsterfassung der Seele und des Menschen durchklingt, aber freilich nicht durchdringt. Er ist eben, selbst in seiner vorgerücktesten Lebensepoche, noch zu sehr von platonischen Reminiscenzen abhängig, als dass er den von ihm schon frühzeitig betonten Selbstgedanken des Geistes mit der Idee der Seele als Ortes der Intelligibilien harmonisch zu vermitteln gewusst hätte. Der Selbstgedanke der Seele bedeutet bei ihm nicht Ergreifen der Seele im Grunde ihres Wesens, sondern eben nur Reflexion der Seele auf sich selbst, und diese Reflexion bringt es nicht weiter, als zur Apperception des unmittelbaren Beisichseins der Seele, steigt also nicht in die Tiefen des Vitalgrundes der Seele als lebendigen Agens hinab, dessen innerstes Wesen Schaffens- und Wirkensdrang ist; eben so wenig lässt sein platonischer Spiritualismus es zu, den plastischen Grundtrieb der Seele zu erfassen, der in Verbindung mit dem Begriffe der Seele als eines lebendigen Totum die Unterlage für die Erklärung der unbewussten und bewussten Thätigkeiten der Seele, für Wesen, Grund und Ziel ihres naturnothwendigen Schaffens und Wirkens darzubieten hat. Indem er bei der zuerst von ihm vollwichtig betonten Spiritualität des Seelenwesens stehen bleibt, kommt er nicht dahin, auch die Allgemeinheit und reale Concretheit desselben zum expliciten Ausdrucke zu bringen; es ringt sich also bei ihm noch nicht der Gedanke eines Wesens hervor, das als volle Monas dem Vermögen nach eine ganze Welt in sich fasst, und dieselbe im lebendigen Schaffen und Gestalten aus sich selbst hervorstellen, in dieser Hervorstellung aber ihr selbsteigenes grundhaftes Wesen vollkommen actualisiren soll. Die Nichtvermittelung seines psycho-

---

[1] Vgl. Aug. Trin. X, 11: Remotis paullisper ceteris, quorum mens de se certa est, tria haec potissimum considerata tractemus: memoriam, intelligentiam, voluntatem ...

logischen Spiritualismus mit der Idee der Seele als eines lebendigen concreten Totum ist der Grund, wesshalb er das Lernen als Erinnern fasst,[1] womit er vom Gedanken eines activen geistigen Producirens auf die Lehre von angebornen Ideen abgleitet.[2] Eben dieser spiritualistische Idealismus rief als Gegenwirkung den realistischen Empirismus hervor, welchen wir in der peripatetischen Scholastik fast ausnahmslos vorwalten sehen, und der daher auch bei Duns Scotus trotz seiner, mit einer gewissen Vorliebe hervorgestellten Zurückbeziehung auf Augustinus die Scheidewand zwischen ihm und Augustinus bildet. In dem, was wir Duns Scotus über die Memoria, Recordatio, Reminiscentia sagen hörten, liegen unverkennbar Anklänge an augustinische Ideen vor, aber mit den entschiedensten Reductionen und Einschränkungen; an die Stelle des augustinischen Spiritualismus ist bei ihm ein empiristischer Intellectualismus getreten, der an jenen zeitweilig anstreift, niemals aber mit ihm sich deckt.

Der metaphysisch abstracte Seelenbegriff Augustins ist mit einem erkenntnisstheoretischen Apriorismus vergesellschaftet, der sich freilich auf die Behauptung der Immanenz der göttlichen Wahrheit im menschlichen Geistdenken beschränkt, und zufolge der bestimmten Unterscheidung zwischen dem mutablen Wesen der geschaffenen Seele und dem immutablen Wesen der umgeschaffenen Wahrheit, welche Gott ist, keine andere Consequenz zulässt, als diese, dass die unveränderlichen Begriffe der Dinge im Lichte der ewigen Wahrheit erkannt werden, und Gottes Sein uns unmittelbar durch sich selbst gewiss sei, weil es die absolute Voraussetzung unseres geistigen Erkennens ist. Gott als die absolute Vernunft ist somit ein denknothwendiger apriorischer Gedanke der Seele, oder wie wir heute sagen würden, eine denknothwendige Vernunftidee, die ihre Wahrheit unmittelbar in sich selbst trägt. Von diesem Vernunftapriorismus abgekommen zu sein, kann man keineswegs als einen Fortschritt der Scholastik über Augustinus hinaus bezeichnen, sondern weit eher als einen Rückschritt hinter ihn; wir begreifen aber auch, wie es kam, dass sie in der entschiedeneren Hinwendung auf das in der Erfahrung Gegebene hinter ihn zurückging. Augustinus hatte die göttlichen Ideen als die letzten Erkenntnissgründe der Dinge aufgefunden, war aber nicht dahin gekommen, sie als die absoluten Wirkungsgründe der Dinge zu erfassen. Dazu hätte gehört, die Ideen als etwas von den Begriffen der Dinge specifisch Verschiedenes zu erkennen; die Ideen sind schöpferische Conceptionen des göttlichen Denkens, deren jede eine ganze Welt von Begriffen in sich schliesst; sie sind ferner in ihrer Vielheit organische Glieder eines schöpferischen Universalgedankens, dessen Inhalt eine organisch gegliederte Totalität in lebendiger, unerschöpflicher Fülle darstellt. Allerdings spricht Augustinus auch von einer ars aeterna des göttlichen Denkens;[3] da ihm aber der Gedanke organischer Relationen fremd ist, so vermag er auch den göttlichen Weltgedanken nicht als organisch gegliedertes Relativum des göttlichen Selbstgedankens zu fassen, sondern bleibt in jenem abstracten Ontologismus stecken, welcher der gesammten mittelalterlichen Scholastik zu Grunde liegt, und dieser die Nothwendigkeit auferlegte, die Füllung desselben mit

---

[1] Quocirca invenimus, nihil esse aliud discere ista, quorum non per sensus haurimus imagines, sed sine imaginibus sicuti per se ipsa cernimus, nisi ea, quae passim atque indisposite memoria continebat, cogitando quasi colligere atque animadvertendo curare, ut tanquam ad manum posita in ipsa memoria. Confess. X, 11.
[2] Mihi omnes artes secum attulisse videtur anima, nec aliud quidquam esse id, quod dicitur discere, quam reminisci et recordari. De quant. anim., c. 20.
[3] Ver. Relig., c. 31.

concretem Inhalte in einem empiristischen Kosmismus anzustreben, der das unabweisliche Correlat einer den speculativen Gedanken niederhaltenden abstracten Ontologie ist. Die peripatetische Scholastik vollzog die Abweisung des augustinischen Vernunftapriorismus in der ausgesprochensten Weise durch die Ablehnung des ontologischen Gottesbeweises Anselms von Canterbury. Wenn Augustinus sagt, Gott sei den Menschen dasjenige, was sie allem Anderen vorziehen,[1] so nimmt er die Existenz Gottes als des absoluten Ideales für eine unmittelbare denknothwendige Wahrheit, die ihm ideologisch feststeht. Indem Anselm das ideologisch Feststehende in eine ontologisch geltende Wahrheit umsetzen wollte, gab er den Anlass, dass die peripatetische Scholastik die apriorische Gewissheit der Existenz Gottes schlechthin in Abrede stellte. Diess geschah offenbar einem unberechtigten Empirismus zu Liebe; auch kann man die Widerlegung des in seiner Art allerdings nicht richtig ausgeführten Argumentes Anselms nicht schlagend nennen. Thomas Aquinas[2] macht gegen dasselbe geltend, dass es dem Menschen möglich sei, zu denken, Gott existire nicht. Diese Möglichkeit ist jedoch eine schlechte Möglichkeit, die mit der Wahrheit, mit der Denknothwendigkeit des göttlichen Seins nichts zu thun hat. Er sagt ferner, die Verbindung von Subject und Prädicat in dem Satze: ‚Gott ist' sei nicht so unmittelbar evident, wie z. B. der Satz: ‚Das Ganze ist grösser als seine Theile'. Aber dieser Mangel an Evidenz hat doch nur bei der, sich auf sich selbst nicht besinnenden Vernunft statt, deren Denken eben noch nicht bis zu dem Höhengrade gesteigert ist, auf welchem die Denknothwendigkeit des göttlichen Seins als unmittelbare Vernunftapperception einleuchtet. Diejenige Vernunft, welche einmal die Idee des absoluten Seins ergriffen hat, fragt nicht mehr nach Beweisen, mittelst welcher das etwa an sich noch ungewisse Sein Gottes gewiss gemacht werden sollte; für sie gibt es nur verschiedenartige aposteriorische Nachweisungen und nähere Bestimmungen der in ihrer ursprünglichen Erfassung noch unbestimmten, aber denknothwendigen Idee des göttlichen Seins, und diese Nachweisungen gestalten sich in ihrer vollständigen Vorführung zu einer Zurückbeziehung des gesammten menschlichen Erfahrungsbewusstseins auf die denknothwendige Idee des absoluten Seins, woran sich als Kehrseite die Beleuchtung und Erklärung des Gesammtinhaltes des menschlichen Erfahrungsbewusstseins aus der Idee des Absoluten anschliesst. So tritt also an die Stelle der demonstrativen Aufweisung des göttlichen Seins das auf ideelle Apprehensionen gegründete Doppelverfahren der Induction und Deduction, wodurch natürlich ein ganz anderer philosophischer Denkmodus an die Stelle des scholastischen gesetzt wird. Uebrigens tritt in der Kritik des ontologischen Gottesbeweises wieder der charakteristische Unterschied zwischen Thomas und Duns Scotus hervor. Thomas unterscheidet zwischen dem notum in se und notum quoad nos, womit er andeutet, dass dasjenige, was einer höheren Intelligenz unmittelbar einleuchtet, doch für uns Erdenmenschen, ehe es einleuchtet, einer Vermittelung im Denken bedürfe. Duns Scotus verwirft diese Unterscheidung,[3] weil die Evidenz einer Aussage nicht von der zufälligen Beschaffenheit der Intellecte abhängig gemacht werden könne. Ein Satz leuchtet unmittelbar ein, wenn die Termini desselben: Subject und Prädicat, distinct erkannt sind; die distincte Erkenntniss ist aber mit dem Begriffe des Dinges gegeben.

---

[1] Omnes certatim pro excellentia Dei dimicant, nec quisquam inveniri potest, qui hoc Deum credat esse, quo melius aliquid est. Itaque hoc omnes Deum consentiunt esse, quod ceteris rebus omnibus anteponunt. Doctr. christ. I, 7.
[2] 1 qu. 2, art. 1.
[3] Non est distinquere inter propositionem esse per se notam et per se noscibilem, quia idem sunt. 1 dist. 2, qu. 2.

Wenn es also erst einer Definition der beiden Termini oder eines derselben bedarf, um den im Satze ausgesprochenen Zusammenhang von Subject und Prädicat einzusehen, so ist eine Propositio per se non nota vorhanden.[1] Duns Scotus lässt demnach an die Stelle des Unterschiedes zwischen dem Cognitum in se und dem Nobis cognitum den Unterschied zwischen Non actu cognitum und Actu cognitum treten, und wendet diesen Unterschied auf den Satz: ‚Gott ist' an; dieser Satz ist eine Propositio per se nota, und zwar per se nota primo modo,[2] weil der Zusammenhang des Subjectes und Prädicates unmittelbar einleuchtet; denn so viel ist unmittelbar gewiss,[3] dass mit dem Gedanken Gottes der Gedanke eines Seienden verbunden ist. Wenn es sich aber um die Frage handelt, ob das Prädicat Esse auch von dem genauer und im Unterschiede von allem übrigen Seienden bestimmten Wesen Gottes auszusagen sei — mit anderen Worten, wenn gefragt wird, ob dem ausgebildeten Begriffe von Gott als necessario ens, als ens infinitum und summum bonum objective Realität zuzuschreiben sei, so stellt sich die Sache anders. Der Satz: ‚ein unendliches Wesen existirt' leuchtet nicht, wie der Satz: ‚Gott ist' unmittelbar durch die in ihm enthaltenen Termini ein; denn wir müssen uns zuerst über den Terminus ‚unendliches Wesen' verständigen, und dann uns, sei es auf dem Wege des Glaubens oder der Demonstration, vergewissern, dass ein solches Wesen wirklich existirt. Die von Gott im Unterschiede von den Creaturen ausgesagten Bestimmungen: unendliches Sein, nothwendiges Sein, höchstes Sein, sind keine absolut einfachen Notionen. Von zusammengesetzten Notionen kann aber nur dann etwas als per se notum gelten, wenn die Verbindung der constitutiven Momente der complexen Notion ein Notum per se ist. Diess ist jedoch bei quidditativen Prädicationen nicht der Fall, weil da immer erst gefragt werden muss, ob der eine Bestandtheil der quidditativen Prädication den anderen formaliter involvire; es ist auch nicht der Fall in Sätzen, in welchen das Sein von einer complexen Notion ausgesagt wird (z. B. Homo albus est), wo vorerst die Wirklichkeit der Vereinigung der Bestandtheile des Subjectes (homo, albus) ermittelt werden muss. Dasselbe gilt denn auch von den complexen Subjectnotionen: unendliches Sein, nothwendig Seiendes, höchstes Sein. Der Satz Anselms: Quo majus cogitari nequit, est, wird von seinem Urheber keineswegs als eine propositio per se nota ausgegeben; denn er selber deutet an, dass der Zusammenhang des complexen Subjectverminus mit dem Prädicate Esse zum mindesten durch zwei Syllogismen vermittelt sei. Von diesen beiden Syllogismen lautet der erste: Omni non ente ens est majus; summo nihil est majus; ergo nullum summum ens est non ens. Der andere Syllogismus lautet: Quod non est non ens, est ens; summum non est non ens; ergo est ens. Der eigentliche Geistgehalt des Anselm'schen Gottesbeweises erprobt sich dem Duns Scotus in Erweisung der Unendlichkeit des göttlichen Seins.[4] Mit Beziehung auf das unendliche Sein als höchstes Denkideal[5]

---

[1] Est igitur omnis et sola illa propositio per se nota, quae ex terminis sic conceptis, ut sunt ejus termini, nata est habere evidentem veritatem complexionis. L. c.

[2] Im Unterschiede zum per se notum secundo modo, quasi praedicatum sit extra rationem subjecti. Ibid.

[3] Propositio illa ... est nota per se primo modo et immediata et ex terminis evidens, quia est immediatissima, ad quam resolvuntur omnes propositiones enunciantes aliquid de Deo qualitercunque concepto. Ibid.

[4] L. c., n. 32.

[5] Als solches haben wir den Gedanken des unendlichen Seins bei Duns Scotus im Vorausgehenden sattsam kennen gelernt. Quare intellectus, cujus objectum est ens — heisst es l. c. — nullam invenit repugnantiam intelligendo aliquod infinitum? Imo videtur perfectissimum intelligibile. Mirum est autem, si nulli intellectui talis contradictio pateat fiat circa ejus primum objectum, cum discordia in sono ita faciliter offendat auditum. Si enim est disconveniens, statim percipitur et offendit; cur nullus intellectus ab intelligibili infinito naturaliter refugit, sicut a non conveniente, imo suum objectum primum destruente?

formt sich das Anselm'sche Argument also: Gott ist dasjenige, über welches hinaus ohne Widerspruch nichts Grösseres gedacht werden kann, weil Gott seinem Begriffe nach das Höchste ist. Dieses Höchste des Gedankens kann ohne Widerspruch als ein Wirklich-Seiendes gedacht werden. Denn das Grösste, über welches hinaus nichts Grösseres denkbar ist, ist als quidditatives Sein dasjenige, worin der Gedanke zuhöchst ruht; es hat also im höchsten Grade den Charakter des objectum primum des Intellectes an sich, indem es das Sein, das objectum primum desselben, in absolutestem Sinne darstellt. Dieses absolut grösste Sein ist aber nicht bloss ohne Widerspruch als wirklich seiend denkbar; es muss sogar als wirklich seiend gedacht werden. Denn es liegt im Begriffe des absolut Grössten, dass es durch nichts Anderes verursacht ist; als bloss Gedachtes aber wäre es vom denkenden Intellecte abhängig, der es denken und auch nicht denken kann. In der That ist also das wirklich seiende Denkbare grösser als das bloss gedachte Denkbare. Diess ist aber nicht so zu verstehen, als ob das Gedachte durch sein Wirklichsein einen Zuwachs erhielte, sondern so, dass das in Wirklichkeit existirende Denkbare grösser ist als Alles, was bloss im Denken vorhanden ist. Auch ist das in Wirklichkeit Existirende als das Anschaubare erkennbarer und somit majus cogitabile als das bloss abstractiv Erkennbare; somit muss das vollkommenst Erkennbare eine existente Wirklichkeit sein.

Diese letzte Wendung ist überraschend, und lässt in Duns Scotus den gebornen Metaphysiker erkennen, zugleich aber auch den Widersacher aller Ideologie, sofern diese in etwas Anderem als in der Analyse und näheren Bestimmung des angebornen Seinsgedankens bestehen sollte. Von einer auf das schöpferische Idealvermögen der denkenden Seele gegründeten Auseinanderscheidung zwischen dem denkenden Subjecte und der objectiven Wirklichkeit weiss und will Duns Scotus nichts wissen; sein empiristischer Realismus bringt sich auch in der vorerwähnten Aeusserung, dass das in Wirklichkeit Seiende als das Anschaubare das majus cogitabile sei, zur vollkommenen Geltung. Mit Anselmus berührt er sich, sofern ihm der Gedanke Anselms von dem absolut Grössten mit seiner eigenen Idee des unendlichen Seins zusammenfällt. Von der Unmittelbarkeit einer solchen Idee aber will er entschieden nichts wissen,[1] und er erklärt sich auch ausdrücklich gegen jene realistische Auffassung der Wahrheitsidee, die mit derselben unmittelbar auch schon die Existenz des absoluten göttlichen Seins gegeben glaubt; er stimmt hierin relativ mit Thomas[2] zusammen, geht aber über denselben insofern hinaus, als er, wie wir bereits wissen,[3] den quidditativen Charakter des Verum als ontologischer Qualität möglichst extenuirt, daher er auch nicht einmal zugeben will, dass die Ablehnung der realistischen Auffassung der Wahrheitsidee das Nichtsein Gottes zur stricten logischen Folge habe.[4] Hiemit tritt er nun auch in einen entschiedenen Gegensatz nicht bloss zu

---

[1] Propositio ista: ‚Ens infinitum est in intellectu nostro' non nata est habere evidentiam ex terminis; sed bene ista: ‚Omne totum est majus sua parte' vel aliqua consimilis in quacumque intellectu concipiente terminos nata est habere talem evidentiam ex terminis, quia ex terminis est evidens, quod ista complexio ex conformis habitudini et rationibus terminorum, qualecunque esse termini habeant. L. c., n. 9.
[2] Bei Thomas heisst es 1 qu. 2, art. 1: Veritatem esse in communi est per se notum; sed primam veritatem esse, hoc non est notum quoad nos. — Duns Scotus sagt: Veritatem in communi esse, est per se notum. ‚Ergo Deum esse' non sequitur, sed est fallacia consequentis.
[3] Vgl. oben S. 37, Anm. 2.
[4] Cum probatur: ‚Si nulla veritas est, ergo nullam veritatem esse est verum', consequentia non valet, quia veritas aut accipitur pro fundamento veritatis in se, aut pro veritate in actu intellectus componente aut dividente. Si autem nulla veritas est, nec verum est, aliquam veritatem esse; quia nec veritatem rei, quia res nulla est, nec veritatem intellectus componentis

Augustinus, sondern auch zu Anselmus,[1] mit welchem sich in Uebereinstimmung zu wissen, er sonst mehrfach betont. Aegydius Romanus, ein Zeitgenosse des Duns Scotus, hatte unter ausdrücklicher Beziehung auf Anselm das Wahrsein des Seienden als das primum objectum des menschlichen Intellectes bezeichnet;[2] das Wahrsein des Dinges sei dasjenige, wodurch das Ding eine formelle Beziehung auf den Intellect habe.[3] Scotus erwidert hierauf,[4] dass dasjenige, wodurch das Ding den Intellect in Bewegung setzt, die Form oder Essenz des Dinges sei; demzufolge kann nicht das von der Essenz des Dinges zu unterscheidende Bezogensein des Dinges auf den Intellect die formelle Bewegungsursache des Intellectes sein, gerade so wie im Bereiche der Sinneswahrnehmung nicht die allgemeine Eigenschaft, wodurch etwas auf einen bestimmten Sinn bezogen ist, sondern dieses Etwas selber, welches der Träger jener Eigenschaft ist, den Sinn in Bewegung setzt.[5]

Duns Scotus substituirt der angebornen Gottesidee den angebornen Seinsgedanken, und erklärt den Inhalt desselben, das Sein als solches, sofern es das dem menschlichen Intellecte adäquate Object des Denkens und Erkennens ist, zugleich als das primum objectum des Intellectes. Ausser dem bezeichneten Gesichtspunkte gibt es aber noch andere, unter welchen sich bestimmen lässt, was als objectum primum des menschlichen Intellectes anzusehen sei, sofern nämlich einerseits die Entwickelung des menschlichen Erkennens aus seinen ersten Anfängen, andererseits das vollendete menschliche Erkennen ins Auge gefasst wird. Es gibt also einen dreifachen Gesichtspunkt, unter welchem sich das objectum primum des Intellectes bestimmen lässt: den ordo originis, ordo perfectionis, ordo adaequationis.[6] Dass in ordine perfectionis Gott das objectum primum sei, ist selbstverständlich, und bedarf keiner näheren Erörterung. In Rücksicht auf die ratio originis hat man zwischen der indistincten und distincten Erkenntniss (cognitio confusa et distincta) zu unterscheiden. Es gibt aber ein doppeltes Ungeschiedensein im Hinblick auf ein doppeltes Object der cognitio confusa, welches entweder ein Totum essentiale ist, dessen Partes essentiales noch nicht unterschieden sind, oder ein Totum universale, dessen Partes subjectivae noch nicht unterschieden sind. Jedes derartige indistincte Totum nennt man ein Confusum. Das subjective Verhalten des Erkennenden betreffend unterscheidet man gleichfalls zwischen einem Confuse concipere und Distincte concipere; das erstere hält

---

et dividentis, quia nullus est. Bene tamen sequitur: ‚Si nulla veritas est, ergo non est verum aliquam veritatem esse‘ quia nulla est. Sed non sequitur ultra: ‚Ergo verum est, aliquam veritatem non esse‘ (mit Beziehung auf den Satz: Deus veritas est). Est enim fallacia consequentis a negativa habente duas causas veritatis ad affirmativam, quae est una illarum. 1 dist. 2, qu. 2, n. 8.

[1] Vgl. Anselm. Monolog., c. 18: Si illa summa natura finem habet vel principium, non est vera aeternitas. Dein cogitet, qui potest, quando incepit aut quando non fuit hoc verum, scil. quia futurum erat aliquid, aut quando desinet et non erit hoc verum scil. quia praeteritum erit aliquid. Quod si neutrum horum cogitari potest, et utrumque hoc sine veritate esse non potest, impossibile est vel cogitare, quod veritas principium vel finem habeat. Denique si veritas habuit principium vel habebit finem, antequam ipsa inciperet, verum erat tunc quia non erat veritas, et postquam finita erit, quia non erit. Atqui verum non potest esse sine veritate; erat igitur veritas, antequam esset veritas; et erit veritas, postquam finita erit veritas .... Nullo igitur claudi potest veritas principio vel fine, quare idem sequitur de summa natura, quia ipsa summa veritas est.

[2] Aegyd. Quodlibet. IV, qu. 10.
[3] Aegydius citirt hiefür den Spruch Anselms de Veritate c. 11: Veritas est rectitudo sola mente perceptibilis.
[4] 1 dist. 3, qu. 3, n. 23.
[5] Si formalis ratio objecti potentiae esset respectus ad talem potentiam, tunc objectum primum visus esset visibile per se primo modo ..... et tunc facile esset assignare objecta prima .... puta visus visibile, auditus audibile; quo modo Philosophus non assignavit prima objecta potentiarum, sed sicut aliqua absoluta, puta: visus colorem, auditus sonum etc. L. c.
[6] 1 dist. 3, qu. 2, n. 12 ff.

sich einfach an die Benennung der Sache, das andere an die Begriffsbestimmung der benannten Sache. Dasjenige nun, was im actuellen Erkennen confuse als Erstes erkannt wird, ist die Species specialissima, deren singularisirter Ausdruck das menschliche Sensationsvermögen gleich anfangs mächtiger afficirt. In diesem Sinneseindrucke gewinnt also die Seele primitiv die cognitio confusa der Species des besonderen Sinnendinges. Umgekehrt verhält es sich in der actuellen Erkenntniss des distinct Begriffenen; denn da ist das erste geistig Ergriffene das Allgemeinste, beim Besondersten und Untersten langt das distincte actuelle Erkennen am letzten an.[1] Im Einklange hiemit lehrt Avicenna, dass im Bereiche des distincten Wissens die Metaphysik das Allem vorhergehende Prius constituirt; sie enthält die distincte Erkenntniss der Grundbegriffe der ihr subordinirten Specialwissenschaften, welche sich mit einer cognitio confusa der Termini ihrer Principia per se nota, von welchen sie ausgehen, begnügen.[2] Da aber der Zeit nach das indistincte Erkennen dem distincten vorausgeht, so ist das Simpliciter primum, d. h. dasjenige, was sich nicht in mehrere Concepte auflösen lässt,[3] oder das Singuläre als solches das Erste in der zeitlichen Ordnung unseres Erkennens. Dem aus Aristoteles geschöpften Einwande, dass an den Dingen das Allgemeinere früher erkannt werde als ihr individuelles Wesen,[4] begegnet Duns Scotus mit der Verweisung auf den oben erwähnten Unterschied zwischen dem Totum essentiale und Totum universale, von welchen beiden Totis eben nur das erstere das Primum in ordine confuse cognoscendi sei, und als Gegenstand einer indistincten Erkenntniss den unvollkommensten Anfang des Erkennens constituire.[5] Denn das Totum essentiale ist, je indistincter es aufgefasst wird, in demselben Grade auch ein minus universale.

Duns Scotus stützt sich in der Bestreitung der von Thomas behaupteten Präcedenz des unbestimmten allgemeinen Erkennens vor dem bestimmten besonderen Erkennen auf den Unterschied zwischen der generischen und specifischen Allgemeinheit. Allerdings beachtet auch Thomas diesen Unterschied; aber er gibt ihm eine andere Beziehung als Duns Scotus, weil ihm im Unterschiede von Duns Scotus nicht die Production des Indi-

---

[1] Was von der distincten cognitio actualis gilt, hat auch in der habituellen und virtuellen Erkenntniss statt: Quantum ad notitiam habitualem sive virtualem dico, quod communiora sunt prius nota via originis sive generationis, 1 dist. 3, qu. 2, n. 28.
[2] Exemplum: Geometer inquantum geometer non utitur pro principiis per se notis nisi illis, quae statim sunt evidentia ex confuso conceptu terminorum, qualis occurrit primo ex sensibilibus, puta: ‚linea est longitudo etc.‘ non curans, ad quod genus pertineat linea, puta, utrum sit substantia, an quantitas. L. c., n. 25.
[3] Alius est conceptus simpliciter simplex, et alius est conceptus simplex qui non est simpliciter simplex. Conceptum simpliciter simplicem voco, qui non est resolubilis in plures conceptus ut conceptus entis vel ultimae differentiae. Conceptus simplex, sed tamen non simpliciter simplex est, quicunque potest concipi ab intellectu simplicis intelligentiae, licet possit resolvi in plures conceptus seorsim conceptibiles, sicut est conceptus definiti vel speciei. L. c., n. 21.
[4] Objicitur, quia 1 Physic. (Physic. Auscult. I, p. 184. b, lin. 11 ff.) dicitur, quod confusa i. e. magis universalia sunt prius nota nobis. Quod probat Philosophus, quia pueri primo appellant omnes homines patres et omnes foeminas matres, postea vero discernunt utrumque; ergo prius cognoscunt patrem sub ratione hominis quam hujus hominis h. e. actualiter concipi conceptus priores seu communiores. L. c., n. 26.
[5] Mit Beziehung hierauf widerlegt Duns Scotus das in vor. Anm. angeführte Beispiel: Quod dicit de puero, concedo, quod species praeintelligitur inter singulare, quia dixi, quod species est primum intelligibile; sed ratio non concludit de genere sed de specie. Prius enim naturaliter actualiter concipitur albedo quam color in ordine cognitionis confusae, quia color sub ratione coloris non cognoscitur nisi sub majori abstractione quam sit abstractio albedinis ab hac albedine vel illa. L. c., n. 27. — Vgl. hiezu Rer. princip. qu. 13, art. 3: Prius cognoscit intellectus singulare quam universale. Impossibile est enim, quod rationem universalis ab aliquo abstrahat, nisi id, videlicet a quo abstrahit, praecognoscat. Unde cognitio actualitatis existentia praecedit omnem aliam rationem et loco et tempore. Loco, quia cum video aliquid a remotis, et nescio utrum sit bos vel asinus, primum quod cognosco, est: illud quod video, aliquid est actu; postea cognosco, quod est animal. Tempore, patet idem; quia puer non vocaret hunc vel illum patrem, nisi prius perciperet, quemlibet actu esse; unde fundamentum originale, a quo movetur omnis cognitio (dico radicaliter) est esse actuale.

viduums, sondern der Species die Hauptsache ist,¹ während Duns Scotus primär die durch die gestaltende Form bewirkte Actualität des Singulären im Auge hat.² An die Stelle des Gegensatzes zwischen Allgemeinem und Besonderem, der für Thomas das Schema für die rationale Erkenntniss des Wirklichen darbietet, tritt bei Duns Scotus das Verhältniss zwischen Universellem und Singulärem, welches letztere als solches der materiale Träger des Formcharakters und die Ursache der Individuation der Form ist. Der Grund der Individuation ist demnach nicht mit Thomas in der Materie zu suchen;³ denn diese verhält sich indifferent zum Hocce eines bestimmten Dinges.⁴ Damit entfällt für Duns Scotus auch der Grund, das Singuläre als solches für das Unerkennbare zu halten, sofern nämlich die Ursache der Unerkennbarkeit in der Materialität des individuirten Sinnendinges gelegen sein soll; denn obschon die Materie Ursache der Contraction des Seienden ist, so ist sie doch nicht zugleich auch Ursache der Individuirung der Species, demzufolge kann aus der von Aristoteles gelehrten Unerkennbarkeit der Materie nicht die Unerkennbarkeit des Singulären und Individuellen als solchen abgeleitet werden. Alles Entitative ist als solches intelligibel; das Singuläre schliesst die gesammte quidditative Entität des Allgemeinen in sich, unter Hinzufügung der Erhebung desselben zur Stufe der höchsten Actualität und Einheit, die als Zugabe zur Entität auch Zugabe zur Intelligibilität sein muss.⁵ Widrigenfalls könnten ja Gott und die Engel, die als singuläre Wesen existiren, nicht Per se intelligibilia sein. Das Singuläre ist ein Primum intellectum, in welchem implicite die Erkenntniss des in ihm individuirten Seins enthalten ist, während man nicht sagen kann, dass die Erkenntniss des Allgemeinen bereits die Erkenntniss des Singulären als solchen in sich schliesse.⁶ Dessungeachtet kann Duns Scotus nicht umhin, das Geständniss abzulegen, dass es für uns in diesem Zeitleben eine distincte Erkenntniss des Singulären, die ihm als die höchste und vollkommenste gilt,⁷ nicht gebe. Eine distincte Erkenntniss des Singulären kommt weder unserem intellectiven, noch unserem sinnlichen Erkennen zu; beseitiget man bei zwei Dingen derselben Art Alles, woran wir uns zu halten pflegen, um sie von einander zu unterscheiden, so fliessen sie uns ununterscheidbar in Eins zusammen. Es gibt also für uns in diesem Zeitleben nur ein Confuse cognoscere des Singulären; und das intellective Erkennen desselben lässt sich ohne Zurückbeugung des Intellectes auf das Sinnenbild nicht vollziehen.⁸ Fragt man

---

¹ Ultima naturae intentio est ad speciem, non autem ad individuum aut ad genus; quia forma est finis generationis, materia vero est propter formam. I qu. 85, art. 3.
² Natura, quae in hoc primo generatur, non est simpliciter universalis, sed est simpliciter singularis; est tamen universalis secundum quid, quia non concipitur inquantum hoc positive. Quaest. sup. Analyt. Post. I, 36.
³ Einer der Gründe des Duns Scotus dawider, die Anthropologie berührend, lautet: Materia est pars quidditatis, quia homo non est tantum anima. Igitur necesse est invenire indifferentiam in materia proportionalem indifferentiae quidditatis: igitur materia de se non individuat. 2 dist. 12, qu. 4 (Op. Paris.).
⁴ Intelligo per individuationem sive unitatem numeralem sive per singularitatem non quidem unitatem indeterminatam, secundum quam quodlibet in specie dicitur unum numero, sed unitatem signatam ut hanc. 2 dist. 3, qu. 4.
⁵ Metaphys. Quaestt. Lib. VII, qu. 15.
⁶ Quodcunque aliud a singulari intelligitur, includit incomplete singulare quantum ad quidquid intelligibilitatis est in eo, quia nec includit gradum, quo singulare est singulare; singulare autem complete includit quidquid est intelligibilitatis in superiori. Non est ergo natum intelligi singulare ut pars inclusa in primo intellecto, sed tantum ut primum intellectum, in quo alia quaecunque superiora per se intelliguntur. L. c.
⁷ Ideae divinae maxime erunt singularium, quia distincte repraesentant omnia alia intelligibilia a Deo. Ibid.
⁸ In phantasia confusum est substantia cum accidentibus, vel multa accidentia multo se contrahentia. Intellectus intelligendo universale abstrahit quodcunque illorum; intelligendo tandem, ut intelligat singulare secundum naturam, quae est haec, non inquantum haec sed cum accidentibus propriis, huic componit subjectum cum accidentibus; et ita terminus a quo et ad quem reflexionis est confusum, et in medio est aliquid distinctum. Ibid.

nun, wodurch sich der scotistische Begriff der Reflexio von dem thomistischen unterscheide, so gibt uns Duns Scotus hierauf Antwort, wenn er auseinandersetzt, dass die menschliche Intellection des Allgemeinen, das im Sinnendinge dargestellt ist, verbunden sei mit der sinnlichen Vorstellung der singulären Darstellung des Allgemeinen im besonderen Sinnendinge, so dass beide Apperceptionen, die sinnliche und die intellectuelle, ein unzertrennliches Ganzes bilden, dessen Object das im Sinnendinge singularisirte Allgemeine ist. Demzufolge kann nicht mit Thomas von einem bloss indirecten und mittelbaren Ergreifen des Singulären in der geistigen Apprehension der Sinnendinge die Rede sein,[1] vielmehr wird zuerst und direct das Singuläre als solches geistig ergriffen, dann wird nachfolgend aus dem Allgemeinbegriffe des Dinges das Wesen desselben begriffen. Das directe Ergreifen vollzieht sich vornehmlich mittelst des Sinnes, die actio reflexiva aber bedeutet das die Intellection begleitende Bewusstsein um die Bezogenheit derselben auf das in actualer singulärer Wirklichkeit appercipirte Object. Der actio reflexiva folgt als dritte die actio collativa, mittelst welcher das im Denken ergriffene Wirkliche auf den Allgemeingedanken desselben bezogen wird. Duns Scotus kennt wohl neben der oben erwähnten Art der Reflexion, in welcher sich das Bewusstsein des Apprehendirenden direct auf das apprehendirte Object bezieht, auch eine andere, welche, wie wir oben hörten, in der Zurückbeugung des Intellectes auf die sinnliche Vorstellung besteht, und der Sache nach mit der thomistischen Reflexion zusammenfällt. Aber diese zweite Art von Reflexion tritt, wie wir gleichfalls hörten, erst ein, wo es sich um Gewinnung des Begriffes der Natur des singulären Objectes handelt; und der Irrthum der thomistischen Doctrin besteht darin, dass sie mit Ausserachtlassung des absolut ersten Actes, durch welchen das Singuläre direct ergriffen wird, die Erklärung des intellectiven Erkenntnissprocesses ausschliesslich auf den Act der zweiten oder indirecten Reflexion stützt.

Die drei Acte der actio intuitiva, reflexiva und collativa reflectiren in höherer Ordnung weiterführend den Vergeistigungsprocess, dem das singuläre Sinnenobject bereits im Bereiche der sinnlichen Wahrnehmung unterworfen ist, um intelligibel werden zu können. Die Species sensibilis — sagt Duns Scotus[2] — hat ein dreifaches Sein, ein materielles Sein in dem äusseren Objecte, ein schon mehr vergeistigtes Sein im Medium, durch welches es der Sinnesapperception vermittelt wird, ein noch immaterielleres im Organ der Sinneswahrnehmung. In dieser Vergeistigung ist nun das Object zubereitet, um sofort vom Intellect ergriffen zu werden, der in den Sinnesapperceptionen activ und substantiell gegenwärtig ist, und das Werk der Vergeistigung weiterführt.[3] Das Gesammtgebäude der menschlichen Wissenschaft ist auf diesen successiven Vergeistigungsprocess der primitiven Apprehensionen der sinnlichen Wirklichkeit gegründet.[4] Duns Scotus entnimmt aus dieser unzerreissbaren Continuität des successiven Vergeistigungsprocesses der

---

[1] 1 qu. 86, art. 1.
[2] Rer. princip. qu. 14, art. 2.
[3] Intellectus praesens est omnibus sensibus et organis eorum per influentiam, per substantiam et etiam in ratione perficientis sub ratione cognitivi, sicut sol attingit omnem actionem inferiorum agentium, et intimius et praesentialius. Ergo, cum sensus cognoscendo attingat existentiam actualem rei exemplaris, intellectus necessario attingit eam etc. Rer. princip. qu. 13, art. 3.
[4] Omnis cognitio scientifica fundatur in actuali existentia rei extra; deficiente enim sensu deficit scientia, quae secundum est L. c. — Cognitio intellectiva non praecedit sensitivam, sed sensitiva communior est, cum sit in brutis, et ideo prior, tum quia intellectiva certior est, actualior, perfectior, tale autem est naturaliter posterius; sed in talibus imperfectum est radix, origo et seminarium respectu perfecti, ut patet in semine respectu membrorum corporis; igitur sic erit sensitiva respectu omnis cognitionis. Rer. princip. qu. 13, art. 1, sect. 8.

primitiven sinnlichen Apperception einen Beweisgrund für die von Gottfried von Fontaines[1] und Goethals[2] geläugnete Nothwendigkeit der Species impressae als nothwendiger Mittelglieder zwischen der sinnlichen Vorstellung und dem reinen Allgemeingedanken des Dinges.[3] Uebrigens darf der Träger der Species impressae, der Intellectus possibilis nicht etwa als eine Mittelkraft zwischen Einbildungskraft und reinem Intellect eingeschoben werden. Intellectus agens und Intellectus possibilis sind der eine und selbe Intellect als virtus cognitiva unter zwei verschiedenen Beziehungen; und diese virtus cognitiva steht als virtus non organica der Einbildungskraft als virtus organica gegenüber; ein Mittleres zwischen Affirmation und Negation, virtus organica und non organica ist nicht denkbar.

Der Intellectus possibilis fungirt als Bewahrer der von ihm recipirten Species impressae. Duns Scotus lehrt mit Thomas Aq., dass der Intellect zur Reactivirung der in ihm aufbewahrten Species sich den sinnlichen Vorstellungen der ihnen entsprechenden Objecte zuwenden müsse, missbilliget aber die Gründe, aus welchen Thomas diess für nöthig hält. Nach Thomas müsste sich der Intellect im Acte der Erinnerung dem Sinnenbilde desshalb zuwenden, weil das Object des menschlichen Intellectes das Quodquidest des Sinnendinges sei, und es zum Begriffe dieses Quodquidest gehöre, in einem bestimmten Individuum zu existiren. Duns Scotus bemerkt hiezu,[4] dass die Existenz der materiellen Quiddität in einem singulären individuirten Sein zwar thatsächlich statthabe, jedoch nicht so, dass diese Existenzweise zum Begriffe jener Quiddität gehörte, indem der Intellectus abstractus sie auch ohne Beziehung auf das Existere in aliquo singulari denken könne. Der Grund der Hinwendung des Intellectes zum Sinnenbilde liegt vielmehr darin, dass dieses zur Verlebendigung oder Intension der im Intellectus possibilis aufbewahrten Species thätig sein muss; und diess darum, weil der menschliche Intellect, vielleicht in Folge des Sündenfalles, die Zurückbeugung auf sich selber ohne Intervention des sinnlichen Vorstellens durchzuführen nicht fähig ist.[5]

Die eben angeführten Gegenbemerkungen des Duns Scotus wider Thomas sind in dem bereits vielseitigst aufgewiesenen Gegensatzverhältniss zwischen Beiden begründet, und hängen auch mit der Polemik des Duns Scotus gegen die thomistische Lehre von der Materia als Principium individuationis zusammen. Ist die Materie, wie Thomas lehrt, der Grund der Individuirung und Plurification der Species, so muss man sich allerdings, da die Species kein von den Individuen unterschiedenes substantielles Sein hat, die Quiddität oder das specifische Wesen des Sinnendinges so in die materielle Existenz des Sinnendinges versenkt denken, dass sich der Gedanke derselben gar nicht ohne Beziehung auf den Stoff, in welchem sie sich darstellt, fassen lässt. In der That ist es schwer, oder eigentlich unmöglich, sich das einzelne Sinnending anders, denn als Product der dasselbe causirenden materiellen Individuationsbedingungen zu denken, und es ist nicht abzusehen, worin

---

[1] Quodlibet IX, qu. 19.
[2] Quodlibet IV, qq. 7. 8. 21; V, qu. 14.
[3] Sicut dictum est de sensu (s. vor. Seite, Anm. 4), sic in intellectu non potest deveniri ab extremo scil. a phantasmate in extremum scil. in intellectum seu in actum intelligendi, qui est pure spiritualis, nisi per medium inter spirituale et corporale; hujus modi autem medium est species intelligibilis, quae non habet esse adeo materiale sicut phantasma, nec adeo spirituale sicut intellectus. Rer. princip. qu. 14, art. 2.
[4] 1 dist. 3, qu. 5.
[5] Multiplex est causa, quare intellectus conjunctus corpori, maxime corruptibili (quia forte in statu innocentiae esset aliud , non potest reflexione integra et simplici et aperta super se reflectere, et per consequens super species, quae sunt in eo, nisi quodammodo reptando per sensus et per imaginationem . . . . . Et hanc causam tangit Sapiens in libro Sapientiae (9. 15), cum dicit: Corpus quod corrumpitur, aggravat animam. Rer. princip. qu. 14, art. 2.

anders, als in der ihrer Natur nach generativen lebendigen Materie der Grund der Plurification der Individuen einer Species gesucht werden sollte. Der Begriff einer bestimmten besonderen Species sinnlicher Existenzen ist der eines particularisirten Formprincipes, welches sich im Stoffe darlebt, und zufolge der zeugungskräftigen Lebendigkeit desselben insoweit sich plurificirt, als es die concreten Existenzbedingungen der Individuationen einer bestimmten Species zulassen. Duns Scotus glaubt freilich zwischen dem Esse essentiae und dem Esse existere der individuirten Essenz unterscheiden zu sollen;[1] für denjenigen aber, der die Ueberzeugung hat, dass der Artbegriff des Sinnendinges im Stoffe west, und ausserhalb desselben nur eine gedankenhafte Realität hat, kann diese Abtrennung keine sachliche Bedeutung haben, die man ihr nur dann zuweisen könnte, wenn die schematisch-begriffliche Auffassung der Objecte der Sinnenwelt wirklich das Wesen derselben erfasste. Die von Duns Scotus bezweckte Erhebung des Denkens über die sinnenfällige Wirklichkeit ist auf dem Standpunkte eines Denkens, das an dem nur logisch analysirten Erscheinungsleben der Natur haftet, nicht möglich; und sein empiristischer Individualismus befindet sich in einem inneren Widerstreite mit der von ihm festgehaltenen Unterscheidung einer geistigen und sinnlichen Wirklichkeit. Der Gedanke des Thomas Aquinas, dass jede Forma separata für sich selbst eine Species repräsentire, steht dem echten und speculativen Individualismus viel näher, als die auf geistige und sinnliche Sonderexistenzen unterschiedlos angewendete scotistische Häccitität.

Wir haben schliesslich noch die Würdigung zu berücksichtigen, welche Duns Scotus in seiner Erkenntnisslehre dem sprachlichen Momente angedeihen lässt. Das Confuse concipere — hörten wir oben — hält sich einfach an die Benennung der Sache, das Distincte concipere an die Begriffsbestimmung derselben. Die Benennung ist Bezeichnung und Ausdruck des Gedankens, mittelst dessen die Seele das Quodquidest eines Dinges geistig ergreift. Demzufolge bezieht sich die Benennung oder das Wort primär auf das Objectum primum des actuellen Confuse cognoscere, und das Wort bedeutet die durch die Einwirkung des Objectes bewirkte Passio animae,[2] d. h. die Sache als Gegenstand der intellectuellen Apperception.[3] Duns Scotus erklärt sich daher im Einklange mit seinen schon entwickelten erkenntnisstheoretischen Anschauungen gegen jene Commentatoren des Aristoteles, welche, wie Albert, Thomas u. A.[4] dem Worte nur eine mittelbare und nachfolgende Beziehung auf das dem Gedanken entsprechende reale Object zugestehen.[5] Ueber die bloss conventionelle Giltigkeit der Sprachbezeichnungen ist er

---

[1] Esse quod est actualiter entis, non est de essentia, sicut nec esse existere. Ista tamen duo esse sunt distincta, quia esse, quod est actualiter entis, primo consequitur essentiam, et est proprium ipsius essentiae, sed esse existere primo consequitur individuum. Analyt. Poster. II, 6.

[2] Vgl. Aristot. Periherm. (p. 1. a, lin. 3): ἐν φωναῖς τῶν ἐν τῇ ψυχῇ παθημάτων σύμβολα.

[3] Nomen significat passionem animae i. e. rem ut concipitur. Op. II in librum Periherm., qu. 1.

[4] Vgl. Thom. Aq. Periherm. lect. 2: Non potest esse, quod voces significent immediate ipsas res, ut ex ipso modo significandi apparet; significat enim hoc nomen ,homo' naturam humanam in abstractione a singularibus. Unde non potest esse quod significet hominem immediate ut Platonici posuerunt, quod significaret ipsam ideam hominis separatam. Sed quia haec secundum abstractionem suam non subsistit realiter secundum sententiam Aristotelis, sed est in solo intellectu, ideo necesse fuit Aristoteli dicere, quod voces significant intellectus conceptiones immediate et eis mediantibus res. — Anders Duns Scotus, welcher die unmittelbare Simultanbeziehung des Wortes auf Gedanke und Sache festhaltend (vgl. vor. Anm.) die Platonische Auffassung des Wortes aus einem anderen Grunde abweist: Plato libro de recta nominum ratione posuit nomen significare rem ut existit (also nicht: ut concipitur), quia dixit rem eodem modo existere, quo intelligitur. Aristoteles autem aliter posuit. L. c.

[5] Duns Scotus glaubt diese Ansicht geradezu ad absurdum führen zu können: Si nomina primo significant passiones in anima, sequitur quod significatio cujuslibet realis orationis est falsa. Nam dicendo: ,homo est animal' idem est dicere, quod ,haec passio est illa.' L. c. — Ueber die wahre Bedeutung der Aussage in dem angeführten Urtheil fügt Scotus berichtigend bei:

mit den übrigen Peripatetikern ganz einverstanden; demzufolge kann das Wort die in der Passio animae ausgeprägte similitudo rei nicht in eigentlichem Sinne wiedergeben, sondern nur bedeuten. Das Wort als solches haftet an der Intentio prima, und erst in der Satzbildung kommt es zur sprachlichen Verdeutlichung der Intentiones secundae. Der den Worten eignende Modus significandi zerfällt in einen modus activus und passivus; der erstere drückt das aus, was der Intellect in das Wort hineinlegt,[1] der Modus passivus bezieht sich auf die durch das Wort ausgedrückte Eigenheit der Sache.[2] In diesem doppelten Modus des Verhaltens drückt sich übrigens auch ein entsprechendes doppeltes Verhalten des Modus intelligendi ab,[3] welcher als solcher dem Gebiete der Intentio secunda zugekehrt ist. Die Grammatik hat es nur mit dem Modus significandi activus zu thun, und unterscheidet zwischen Modus significandi essentialis und accidentalis, deren ersterer auf das essentielle Wesen des Redetheiles, der letztere auf das zu diesem Wesen Hinzukommende sich bezieht.[4] Der Modus significandi essentialis zerfällt in einen modus generalissimus, subalternus und specialissimus je nach dem weiteren oder begränzteren logischen Umfange des sprachlichen Terminus; der Modus significandi accidentalis zerfällt in einen modus absolutus und respectivus, je nachdem das durch ein bestimmtes Redeglied Ausgesagte entweder für sich oder nach seinem Bedingungsverhältniss zu dem durch ein anderes Redeglied Ausgesagten ins Auge gefasst wird. Indem nun diese Unterscheidungen auf die einzelnen Redetheile angewendet werden, entwickelt Duns Scotus in seiner Grammatica speculativa eine Art Sprachlogik, deren Zweck ist, die Ausprägung der Kategorien und Modi der Sprachbildung aufzuzeigen. Das Verhältniss der Sprachbezeichnungen zur objectiven Beschaffenheit der Dinge betreffend, bemerkt Duns Scotus,[5] dass sie auch auf die in ihrer ratio propria nicht erkannten Substanzen anwendbar und giltig seien; es muss Namen geben, welche geeignet sind, eine Substanz auch nach einer von uns nicht erkannten Seite oder Beziehung ihres Seins zu bezeichnen.[6] Man kann auch eine Sache, deren substantielles Wesen man nicht erkannt hat, deutlich bezeichnen.[7] Daraus folgert Duns Scotus, dass man auch von Gott in Ausdrücken sprechen könne, welche sein Wesen, wie es an sich ist, bezeichnen. Als solche, das göttliche Wesen distinct bezeichnende Namen sind uns aus dem alten Testamente die Gottesnamen Adonai und Jehova überliefert, und es ist nicht anzunehmen, dass uns die neutestamentliche Offenbarung keine gleichwerthigen Gottesnamen zugemittelt hätte. Duns Scotus ist also nicht gewillt, gleich Thomas Aq. den Werth der positiven

---

Affirmatur, quod primo intelligitur per unum nomen dici de illo, quod primo intelligitur de alio, quae tunc intelliguntur mediantibus illis speciebus.
[1] Modus significandi activus est modus sive proprietas vocis ab intellectu sibi concessa, mediante qua vox proprietatem rei significat. Gramm. speculat. c. 1.
[2] Modus significandi passivus est modus sive proprietas rei, prout est per vocem significata. Ibid.
[3] O. c., c. 3.
[4] Modus significandi essentialis est, per quem pars orationis simpliciter habet esse vel secundum genus vel secundum speciem. Modus significandi accidentalis est, qui advenit parte post esse completum, non dans esse simpliciter parti, nec secundum genus nec secundum speciem. O. c., c. 7.
[5] 1 dist. 22, qu. unic. (Op. Paris.).
[6] Non intellectus viatoris cognoscit quidditatem substantiae, et tamen aliquod nomen impositum a viatore significat substantiam secundum rationem substantiae propriam. Aliter enim omnes praedicationes essent accidentis de accidente. L. c.
[7] Non concipimus substantiam in se, nec quomodo una substantia specie distinguatur ab alia, et tamen utimur nomine significante essentiam substantiae unius, prout ab alia specie distinguitur . . . . Aliquis non apprehendens hanc substantiam hominis, cui etiam forte non sunt accidentia ejus nota, quia nunquam fuerunt in phantasia ejus, imponit sibi nomen distincte significans illam substantiam. Ibid.

Wesensbezeichnungen Gottes von dem Grade unseres intellectuellen Verständnisses abhängig zu machen,[1] wofür wir den Grund theils in der von ihm behaupteten Univocität alles Seienden, theils in der oben berührten unmittelbaren Beziehung der Sprache auf die Gegenständlichkeit als solche zu erkennen haben. Diese Auffassung des Sprachlichen hängt mit dem kirchlichen Positivismus des Duns Scotus zusammen, und erklärt uns den von der theologischen Summe des Thomas Aq. so sehr sich unterscheidenden Lehrton des Duns Scotus in der Behandlung der christlich-theologischen Gotteslehre, die unter grundsätzlichem Verzicht auf eine speculative Ergründung des christlichen Gottesbegriffes durchwegs auf eine theologisch-scholastische Auseinandersetzung der überlieferten Termini der christlich-kirchlichen Gotteslehre abzweckt. Der von Duns Scotus in der Theologie angeschlagene Ton wurde von dem in der scotistischen Schule gebildeten Occam auf das Gebiet der wissenschaftlichen Forschung im Allgemeinen übertragen; indem er den von Duns Scotus festgehaltenen Realismus Preis gab, lehrte er,[2] dass die Wissenschaft nur eine Wissenschaft von Sätzen sei, bei den Sätzen es aber darauf ankomme, die Worte richtig ihrer Bedeutung nach mit einander zu verbinden.

Von dem tönenden Worte oder verbum vocale ist das innere Wort, das verbum mentale zu unterscheiden, als welches Duns Scotus gemeinhin die in der Seele actuell vorhandene Cogitatio nimmt, so weit dieselbe unter dem Gesichtspunkte eines Erzeugnisses ins Auge gefasst wird.[3] Er entwickelt seine Lehre vom verbum mentale im Anschluss an Augustinus, dessen Worten folgend er das Wort der Seele als eine proles memoriae fasst, in welcher der Gedanke einer Sache innerlich zu Tage tritt. Weil aus der Memoria geboren, wird es von ihm auch Verbum imaginabile genannt; es ist ihm mit der vorerwähnten Passio animae, dem in der Seele gewirkten Zeichen des appercipirten Objectes identisch. Seiner Unterscheidung zwischen der notitia confusa und distincta entsprechend unterscheidet Duns Scotus zwischen einem verbum imperfectum und perfectum; er verwirft demzufolge die thomistische Ansicht, welche nur den auf die inquisitive und ratiocinative Thätigkeit folgenden Abschluss des Erkenntnissactes als das Verbum mentis gelten lassen will.[4] Der thomistischen Ansicht gemäss — replicirt Duns Scotus — müssten Gott, die Engel und die Seligen mit der Ratiocination auch des Wortes entbehren; er lässt an der widerlegten Ansicht nur so viel als wahr gelten, dass einzig das Verbum perfectum eine Repräsentation des Verbum aeternum sei. Der Unterschied zwischen Thomas und Duns Scotus in der Auffassung des inneren Wortes reducirt sich darauf, dass Thomas es als den fertigen Gedanken der Seele, Duns Scotus aber primär als inneres psychisches Bild der Sache nimmt, rücksichtlich deren er ein anfängliches rein empirisches Aufgreifen und ein nachfolgendes begriffliches Durchdringen derselben unterscheidet. Duns Scotus setzt ferner das innere Wort in eine viel innigere Beziehung zum äusserlich vernehmbaren Worte als Thomas, und beleuchtet demzufolge die Genesis des Erkenntnissprocesses mit specifischer Beziehung auf den sprechfähigen und zum Gebrauche der Sprache erzogenen Menschen, während Thomas hievon absehend den Erkenntnissprocess nur als Vorgang im Innern der denkfähigen

---

[1] Vgl. Thom. Aq. I qu. 13, art. 2: Praedicta nomina (sapiens, bonus etc.) divinam substantiam significant, imperfecte tamen, sicut et creaturae imperfecte eam repraesentant.
[2] Occam. Sentt. 1 dist. 2, qu. 4.
[3] 1 dist. 27, qu. 2 u. qu. 3.
[4] Vgl. Thom. Aq. Opusc. de differentia verbi div. et hum.: Verbum nostrum est prius formabile quam formatum. Nam cum volo concipere rationem lapidis, oportet quod ad ipsum ratiocinando perveniam.

Seele ins Auge fasst. Daraus erklärt sich weiter die Verbindung, in welche Duns Scotus die Lehre vom verbum mentis mit der Memoria setzt,[1] in welcher zusammt dem Bilde der Sache auch das sie benennende Wort aufgehoben ist und als Vehikel der Wiedererweckung des in der Memoria recipirten Bildes dient. Zugleich dient das Wort als Mittel der Festhaltung einer noch nicht geistig durchdrungenen Sache im menschlichen Denken, und ist in seiner unmittelbaren Gegebenheit der passende Ausdruck für die notio confusa, während es für das rationell verständigte Denken das Zeichen seiner cognitio distincta ist. Wir sehen also hier das Wort nach seiner Bedeutung als Vehikel des empirischen und rationalen Denkens in der intellectuellen Apprehension natürlicher und übernatürlicher Dinge gewürdiget; gleichwie aber das ideale Vernunftdenken überhaupt dem Intellectualismus des Duns Scotus ferne liegt, so im Besonderen auch die ideelle Bedeutung des Wortes als Vehikels der Ergreifung des Erkannten in der Mitte und Tiefe seines Wesens. Thomas erfasst die Idee des inneren Wortes in dem Grade, als bei ihm insgemein das Idealdenken zu seinem Rechte kommt; da er nun das Idealdenken überhaupt als Denken der Wesensformen erfasst, so wird ihm auch die Bedeutung des inneren Sprechens in der Idee des geistigen Formens und Bildens sich erschliessen.[2] Da die Idee unmittelbar appercipirt wird, das innere Wort aber nach Thomas der fertige Gedanke der intellectiven Seele ist, so kann es schon an sich höchstens nur die Bedeutung der im inneren Denken objectivirten Idee haben, wird aber überhaupt mehr vom Begriffe als von der Idee an sich haben; das innere Wort ist nach seiner wahren Bedeutung bei Thomas der fertige geistige Concept der Sache, die der Species impressa entsprechende Species expressa, die der Intellect denkend aus sich hervorstellt. Desshalb betrachtet er das Wort als Proles intellectus im Gegensatze zu Duns Scotus, der es als proles memoriae angesehen wissen will. Der Gegensatz dieser Anschauungen ist auf den oben beleuchteten Gegensatz der Ansichten über das objectum primum cognitionis zurückzuführen. Thomas lässt das Wort aus dem anfänglich unbestimmten Allgemeingedanken des Dinges herausgeboren werden, für Duns Scotus hat es die Bedeutung des aus dem Intellectus possibilis herausgesetzten acturirten Gedankens, oder der zum actuellen Gedanken gewordenen Passio animae. An die Stelle des von Thomas cultivirten Wahrdenkens tritt bei Duns Scotus das Wissen um die Dinge; das Wort ist ihm nicht die Ausprägung des Wahrgedankens, sondern das Zeugniss des in der Seele vorhandenen Wissens vom Objecte. Diese Differenz in der Auffassung des Wortes reflectirt sich auch noch in der beiderseitigen Auffassung des ewigen Gottesworts, welches nach Thomas der Selbstausdruck der intellectiven göttlichen Wesenheit, nach Duns Scotus aber das absolute Product der göttlichen Selbstbesinnung ist.[3] Demzufolge fasst auch Duns Scotus das Wort des Ewigen primär als

---

[1] Si intellectus posset statim notificare alteri absque memoria, non assumeret signum. Sed assumere signum non est emissio anhelitus sic vel sic, sed iste sonus sic articulatus est verbum vocale, et sic verbum imaginabile, quod sibi correspondet, est verbum mentale, quod est quoddam formatum in actu a memoria. 1 dist. 27, qu. 2 (Op. Paris.).

[2] Illud proprie dicitur verbum interius, quod intelligens intelligendo format ... Quamdiu intellectus ratiocinando discurrit, necdum formatio perfecta est, nisi quando ipsam rationem rei perfecte conceperit; et tunc primo habet rationem verbi. Et inde est, quod in anima nostra est etiam cogitatio, per quam significatur ipse discursus inquisitionis; et verbum quod est jam formatum per perfectam contemplationem veritatis. Ideo perfecta contemplatio veritatis dicitur verbum. Opusc. de diff. verb. div. et hum.

[3] Während demnach Thomas Aq. das göttliche Erkennen und Lieben als Principien der immanenten Hervorgänge des göttlichen Lebens bezeichnet, nimmt Duns Scotus die Memoria und die Voluntas als die zwei Principien der immanenten Production in Gott: Sicut memoria perfecta in aliquo supposito divino est principium producendi notitiam sibi adaequatam, ita voluntas amorem sibi adaequatum et sic amorem infinitum, et per consequens intrinsece in natura divina habentem esse.

Selbstvergegenwärtigung des göttlichen Vaters in dem aus ihm hervorgegangenen Sohne, und lässt den im göttlichen Worte ausgesprochenen göttlichen Gedanken der creatürlichen Existenzen nur als secundäre und connotative Beziehung der göttlichen Selbstaussprache gelten,[1] während Thomas von dem Gedanken einer Selbstaussprache der göttlichen Intelligenz ausgehend, von Gott in seinem Einen absoluten Worte sich selbst und die Creaturen ausgesprochen werden lässt.[2] Der Grund der schärferen Selbstabscheidung des göttlichen Selbstgedankens vom göttlichen Gedanken der Creatur liegt bei Duns Scotus in der schärferen Betonung der Contingenz der Welt, welche bei ihm an die Stelle der speculativen thomistischen Idee von der Selbstdarstellung Gottes im Universum tritt. Auch hebt er entschiedenst hervor, dass die Logoslehre ausschliesslich der positiven Theologie angehöre; die Logosidee sei keine vernunftnothwendige Idee, die natürliche Vernunft könne weder das Wirklichsein noch das Unmöglichsein dessen, was die kirchliche Gotteslehre unter dem ewigen Gottesworte versteht, beweisen.[3] Wir ersehen hieraus, dass die theologische Ausdeutung, welche Scotus der Augustinischen Lehre von der Memoria gibt, ihn dahin führt, die von Augustinus geschaffenen, und von Anselmus[4] cultivirten Unterlagen einer speculativen Theologie völlig aufzuheben. Gleichwohl wäre es verfehlt, seiner theologischen Construction der göttlichen Trinität eine tiefer greifende Bedeutung für die religiöse Speculation vollkommen absprechen zu wollen; sie ist zwar ein getreuer Reflex seiner psychologisch-erkenntnisstheoretischen Anschauungen, strebt aber entschieden eine von den Constructionen alexandrinisch-neuplatonischer Speculation unabhängige Gestaltung und Durchbildung an, die der Idee der göttlichen Absolutheit zu ihrem vollen Rechte verhelfen will, und eine Art Vorahnung einer neuzeitlichen, auf das christliche Trinitätsdogma gestützten speculativen Creationstheorie in sich schliesst. Die von ihm speciell berücksichtigten speculativen Erklärungen des Trinitätsdogma von Anselm, Thomas Aquinas, Goethals, Gottfried von Fontaines scheinen ihm sämmtlich zu naturalistisch gehalten zu sein. Die Hervorgänge des Sohnes und des Geistes aus dem Vater mit dem Hervorgehen des Intelligere und Velle aus dem Seelengrunde zu parallelisiren, erscheint ihm schon darum unzulässig, weil damit der Hervorgang des Sohnes zu einem actus mere naturalis herabgedrückt werde, an welchem das Wollen keinen mitbestimmenden Antheil habe.[5] Es erscheint ihm ferner als völlig unrichtig, dass durch die Production des Wortes das Intelligere des Vaters erst zum Abschlusse gebracht werden sollte, wie Gottfried meint; das Dicere ist eben etwas vom Intelligere Verschiedenes,

---

Igitur voluntas et memoria fecunda sub propriis rationibus suis principiandi alterius rationis manent in Deo ad intra. 1 dist. 2, qu. 6 (Op. Paris.).

[1] Si quaeratur de nomine verbi, an in significato nominis includitur respectus ad extra? Dicendum quod respectus expressivi a memoria paterna et respectus declarativi duo sunt, et primus est realis, et secundus est rationis. Si dicatur, quod uterque respectus significetur per nomen verbi, tunc nomen est aequivocum ... Si autem alter respectus significetur per nomen et alius respectus connotetur ... videtur verius, quod respectus realis significetur et respectus rationis connotetur. 1 dist. 27, qu. 1 (Op. Paris.).

[2] Cum Deus intelligat se ipsum et quidquid intelligit, per essentiam suam, uno actu unicum verbum divinum expressivum est totius quod in Deo est, non solum Patris sed etiam creaturarum; aliter enim esset imperfectum. Opusc. de diff. verb. div. et hum.

[3] 1 dist. 27, qu. 6 (Op. Paris.).

[4] Siehe Anselm. Monolog. capp. 29, sqq.

[5] Dicendum, quod proprie Pater volens genuit filium, non tantum concomitanter, ita quod productio Filii sibi placeat, sed voluntate quodammodo antecedente. Quia licet intelligere Patris praecedat velle, velle tamen praecedit dicere, sicut et intelligere; quia dicere non est intelligere, sicut spirare non est velle; tamen sequitur ipsum dicere. 1 dist. 6, qu. 2 (Op. Paris.).

und das Intelligere als solches ist kein productiver Act.[1] Noch tiefer in naturalistisches Denken hineingezogen erscheint dem Duns Scotus die Ansicht des Goethals,[2] welcher von der Substantialitas Patris als Quasi-materia des Sohnes spricht, da die göttliche Essenz als formaliter infinita doch vielmehr für den Terminus formalis der Generation des Sohnes zu gelten habe.[3] Der göttlichen Essenz kann nur Solches zugeschrieben werden, was der Form eigen ist, nichts von dem, was der Materie zukommt; es würde sich sonst die Nothwendigkeit ergeben, eine und dieselbe Materia unter zwei letzten, höchsten Formen, sub forma generantis und geniti sich zu denken, was widersinnig ist, während es sich ganz wohl denken lässt, dass eine und dieselbe Form zwei Materien zugleich oder nacheinander informiren kann; daher auch die göttliche Essenz zwei Terminis das Esse verleihen kann.[4] Wenn Duns Scotus hier gelegentlich den Charakter der göttlichen Essenz als reiner absoluter Form geltend macht, so hat diess einfach nur auf die Immaterialität und Unendlichkeit des göttlichen Wesens Bezug, ohne die Absicht, den Gedanken der absoluten Form irgendwie speculativ verwerthen zu wollen; ein speculativer Begriff derselben ist ihm, wie wir sattsam sahen, völlig fremd, fremd daher auch die Idee einer in der göttlichen Dreieinheit sich vollziehenden Selbstformirung der göttlichen Essenz als absoluter Form und lebendiger Urform alles Seienden. Ihm ist einzig um die Wahrung der in den rein negativen Bestimmungen der Immaterialität und Unendlichkeit erfassten reinen Geistigkeit des göttlichen Wesens zu thun; daher seine Abwehr aller jener Aufstellungen, durch welche die in diesem Sinne gefasste Geistigkeit des göttlichen Wesens irgendwie gefährdet schien. Dahin gehören die Sätze bei Goethals, dass Gott in genere sei, dass die göttliche Potentia generandi durch die Beziehung auf den Sohn determinirt sei;[5] womit die eigenthümliche Erklärung zusammenhängt, welche Goethals seinen allgemeinen erkenntnisstheoretischen Anschauungen gemäss von der Erzeugung des ewigen Wortes in Gott gibt.[6] Goethals lehrt: Es gebe bloss zwei immanente Actionen des göttlichen Wesens, das Erkennen und das Wollen. Intellect und Wille unterscheiden sich dadurch von einander, dass sich ihren beiderseitigen Objecten gegenüber der Intellect passiv, der Wille activ verhält, und demzufolge der Intellect imprimendo, der Wille exprimendo informirt wird. Daraus erklärt sich die von Duns Scotus[7] bekämpfte Behauptung des Goethals, dass dem Worte kein expressiver Charakter, sondern bloss die Bedeutung einer Notitia declarativa zukomme, wodurch die von Schrift und Kirche gelehrte Zeugung des Wortes aus Gott undenkbar gemacht werde.[8] Jedenfalls stehe das

---

[1] Nunquam intelligere perficitur per aliquod productum, quia non est actus productivus. Verum tamen est, quod actio de genere actionis non perficitur nisi aliquo producto, et ideo Dicere non est perfectum nisi Verbo producto. Ibid.

[2] Summ. Art. 54, qu. 3. — Quodlib. VIII, qu. 9.

[3] Nulla entitas simplex habetur per productionem, nisi sit terminus formalis illius productionis aut contenta in termino formali. Sed essentia, si non sit formalis terminus, non est contenta in termino formali, quia relatio non continet per identitatem essentiam, quia non est formaliter infinita, essentia vero divina est formaliter infinita. Igitur cum essentia non possit contineri in relatione ut termino formali, sequitur quod ipsa sit formalis terminus. 1 dist. 5. qu. 2 (Op. Paris.).

[4] Forma potest dare esse duabus materiis simul sive uni materiae, quam prius non informabat, ut patet in augmentatione . . . igitur ex hoc, quod essentia est sub forma relativa in Patre et Filio, non sequitur, quod sit sub utroque termino, sed potius sequitur, quod forma eadem dat esse duobus terminis. Ibid.

[5] Quodlib. III, qu. 3; Summ. art. 57, qu. 7.

[6] Quodlib. VI, qu. 1; Summ. art. 54, qu. 10.

[7] 1 dist. 27, qq. 2 et 3 (Op. Paris.). — Vgl. auch Op. Oxon. 1 dist. 2, qu. 7.

[8] De ratione verbi est, quod sit notitia genita secundum Aug. Trin. IX, c. ult., igitur verbum includit rationem producti: sed esse declarativum non dicit rationem producti. Non enim dicit, nisi relationem rationis, quia secundum Aug. Trin. VII, c. 1. Verbum dicit se et declarat se, et similiter (ibid. c. 11) Pater dicit se. Relatio autem ejusdem personae ad se non est relatio realis; igitur esse declarativum non dicit relationem propriam verbo. 1 dist. 27, qu. 3 (Op. Paris.).

Mysterium der ewigen Zeugung in Gott unvermittelt neben den von Goethals vorgetragenen allgemeinen Sätzen seiner Erkenntnisstheorie; er muss, um jene zu erklären, eine rein naturalistische Ausdeutung derselben zu Hilfe nehmen, einen vom Erkennen begleiteten Naturdrang des Zeugens, wesshalb auch das Erzeugte eher Sohn als Wort zu heissen habe, während doch umgekehrt die Benennung ‚Wort' den rein geistigen Charakter des Vorganges darlegt, und der Thatsache Zeugniss gibt, dass es sich hier nicht um ein den Intellect determinirendes Wirken der Natur, sondern um ein der göttlichen Natur entsprechendes Wirken des göttlichen Intellectes handle. Nach Goethals wäre für Gott die Gedankenbeziehung auf den naturnothwendig zu zeugenden Sohn der Grund der wirklichen Erzeugung desselben; jene Gedankenbeziehung entspricht der Notitia simplex, von welcher informirt der Intellect nach Goethals das declarative Wort aus sich hervorstellt.[1] Aber die Bildung dieses declarativen Wortes ist ein unproductiver Act, und die von Goethals angenommene Hinwendung des Intellectus nudus auf die zum Zeugen disponirte Natur eine rein überflüssige Annahme.[2] Das von Goethals angenommene declarative Wort setzt den Sohn oder den Gezeugten als bereits vorhanden voraus; aus seiner Theorie würde sonach folgen, dass das Wort zweimal vorhanden sei.[3] Der naturalistischen Vorstellungsweise lässt sich das Mysterium der Zeugung des ewigen Wortes nur dadurch entreissen, dass der Act dieser Zeugung, statt als der einen reinen Naturvorgang begleitende Intellectionsact, vielmehr als Act der Selbstbesinnung gefasst wird, mittelst welcher der göttliche Vater das, was er seinem göttlichen Wesen nach ist, aus der Tiefe seines Wesens hervorholt, um es als Ausdruck desselben aus sich hervorzustellen. Gott kann als Selbstbesinnender nur sein eigenes Wesen zum Ausdruck bringen, und wird es so gewiss zum Ausdruck bringen, als es Object seiner Memoria ist;[4] in diese Memoria nicht aufgenommen, kann die göttliche Essenz nicht zum Gegenstande einer Selbstdeclaration werden,[5] daher die auf das blosse Intelligere als solches sich stützende Erklärungsart sich als schlechthin unzureichend erweist. Wollte man der productiven Selbstbesinnung des Vaters etwa den göttlichen Intellectus infinitus als Erklärungsprincip des ewigen Gotteswortes substituiren, so würde dieses Wort nicht specifisch eine Selbstdeclaration des göttlichen Wesens, sondern unterschiedlos eine Aussprache alles Seienden, auch des niedersten bedeuten;[6] und diese

---

[1] Der nach Goethals' Annahme statthabende erkenntnisstheoretische Hergang wird von Duns Scotus (1 dist. 2, qu. 6, Op. Paris.) in folgender Weise wiedergegeben: In primo instanti intellectus est tantum intellectus. In secundo instanti dicitur natura, et est ibi simplex notitia. In tertio instanti intellectus nudus convertit se ad hoc totum. In quarto instanti imprimitur notitia declarativa.

[2] Probatur, quia intellectus cum objecto est principium per modum naturae; ergo non requirit actum reflexum sui vel alterius. — Item, nihil intelligitur, quod non esset, si ista conversio non esset, quia praesentia objecti non est per hoc sed prius; neque perfectio potentiae ad agendum et quidquid convenit per vim activam alicui, est actio vel aliquid ejus; sed conversio nec est actio nec aliquid ejus. 1 dist. 2, qu. 6 (Op. Paris.).

[3] Notitia essentialis in Patre non est ratio gignendi verbum ..... Si ita esset, ergo essent ibi duo verba, quia verbum expressive declarat illud objectum, quod est expressivum vel exprimens ipsum. Sed per intellectionem actualem est essentia nata esse declarata; ergo prius est declarata ante intellectionem actualem. Ibid.

[4] Essentia est aliquid paternae memoriae, quia est primum declarabile et ideo expressiva notitiae declarativae tanquam principium formale exprimendi; unde essentia vel est memoria vel aliquid memoriae, quia memoria est intellectus habens objectum vel essentiam sibi praesens. Ibid.

[5] Essentia, ut distinguitur a memoria, nullam actionem habet, quia primam actionem habet ut est memoria, et universaliter omnis naturae intellectualis prima operatio est ejus ut habet memoriam; quia prima operatio talis naturae est intelligere, quod est a memoria. Ibid.

[6] Quod essentia concurrat ad completam rationem memoriae, et non solum intellectus infinitus patet ex hoc, quia alias verbum divinum esset verbum lapidis sicut verbum essentiae; quia intellectus divinus infinitus intelligit lapidem, sicut intelligit essentiam suam. Ibid.

Aussprache wäre als blosses Erkennen natürlich improductiv. Umgekehrt vertritt Duns Scotus gegen Goethals die Sufficienz des göttlichen Willens als einer Voluntas infinita zur Production des heiligen Geistes ohne die von Goethals geforderte Concomitanz der göttlichen Essenz als Productionsprincipes,[1] und erklärt sich insgemein dagegen, die immanenten Productionen des göttlichen Wesens aus der Essenz als solcher, statt aus den Proprietäten der Essenz als absoluter geistiger Wesenheit erklären zu wollen.[2] Dieser Recurs auf die Essenz allein als Productionsprincip erscheint ihm als jene naturalistische Behandlungsart der Gotteslehre, gegen welche er in jeder Weise principiell ankämpft. Duns Scotus glaubt weiter noch es als eine unzulängliche, nicht ins Wesen der Sache dringende Auffassungsweise an Goethals bemängeln zu müssen, wenn derselbe die von ihm behauptete Voluntarietät in der Production des heiligen Geistes schon damit erhärtet zu haben meint, dass dieser im Gegensatze zum Modus agendi impressivus, mittelst dessen das Sein des Sohnes causirt werde, durch einen Modus agendi expressivus producirt werde. Dass Duns Scotus diese Weise, den Unterschied zwischen natürlicher und willentlicher Hervorbringung in Gottes immanentem Leben zu erklären, unzulässig finde, haben wir oben vernommen; hier erübriget noch zu sagen, dass der von Goethals für die Production des heiligen Geistes beanspruchte Modus agendi expressivus durchaus nicht die Voluntarietät dieser Production charakterisire, da die Voluntarietät nicht etwa schon durch die Abwesenheit einer ausser dem Agens gelegenen Bestimmungsursache erhärtet sei, sondern in der specifischen Art der Bethätigung des Actionsprincipes sich zu bekunden habe.[3] Das Wesen des Willentlichen besteht darin, etwas Gewolltes zu sein, und in diesem Willen seinen unmittelbaren Grund zu haben, gleichviel ob der Wille ein nothwendiger oder zufälliger Wille sei. Ein solcher nothwendiger Wille ist in Gott auch für die Erzeugung des Sohnes vorauszusetzen, und erhebt dieselbe über den Charakter eines Vorganges aus blosser Naturnothwendigkeit,[4] welchen sie bei Goethals[5] hat, wenn er den Sohn aus dem Vater wie Feuer aus dem Feuer hervorgehen lässt. Aber auch die nothwendige Liebe Gottes zu sich selber will Duns Scotus über den Charakter einer blossen

---

[1] Voluntas divina habens essentiam divinam summe sibi praesentatam et diligibilem est principium producendi amorem adaequatum sibi et illi objecto. Potest amare illud objectum amore infinito, quia objectum est infinitum et voluntas similiter est infinita. Est igitur principium communicandi amorem infinitum et per consequens essentiam divinam, quia nihil formaliter est infinitum, nisi illud quod est idem essentiae divinae formaliter. 1 dist. 10, qu. 1 (Op. Paris.).

[2] Auf den Einwand, wesshalb Denken und Wollen in geschaffenen Geistwesen nicht productiv seien, wird erwiedert: In creaturis ideo proprietas non est principium communicandi naturam, quia est imperfectior natura ipsa, quae communicatur, nec natura dat proprietati rationem principiandi. Sed si eadem natura daret proprietatibus perfectam rationem operandi et agendi, tunc proprietates haberent rationes principiandi . . . . . In creaturis intellectus et voluntas sunt quidem idem cum essentia animae . . . . non tamen sunt aeque perfectae cum essentia in operando et agendo. Unde essentia non dat eis perfectam rationem principiandi, quia operatio et actio eorum est accidentalis, quia est operatio immanens, et ideo actio eorum non terminatur ad naturam communicatam. Sed proprietates divinae sunt aeque perfectae in essendo et operando, cum essentia et productiones earum sint eis consubstantiales: et ideo possunt terminum aeque perfecte communicare. 1 dist. 2, qu. 6 (Op. Paris.).

[3] Modus agendi naturae non distinguitur a modo agendi voluntatis, quod agens naturale agat per impressionem, voluntas non; quia tunc, modus agendi naturae non distingueretur a modo agendi voluntatis . . . . . Non enim quaeritur de principio activo comparatione ad passum, sed per comparationem ad suam actionem. Igitur dato, quod natura ageret per impressionem, vel non, adhuc restaret quaerere modum suum agendi proprium, quo distinguitur ab ente libero. 1 dist. 10, qu. 3 Op. Paris.).

[4] Pater volendo producit Filium . . . . voluntate antecedente, quoniam Pater praecedit Filium et generationem ejus prioritate originis. In illo priori est beatus, non tamen generatione Filii est beatus, nec exspectat generationem Filii, ut sit beatus, ergo ante generationem Filii est beatus. Sed non est beatus nisi intelligendo et volendo essentiam suam; ergo ante generationem Filii vult et intelligit essentiam suam, sed non solum ut essentia est, sed ut communicanda Filio. Aliter enim non omni modo perfectionis eam intelligeret. 1 dist. 6, qu. 2 (Op. Paris.).

[5] Summ. art. 58, qu. 2.

Naturnothwendigkeit erhoben wissen, und bekämpft desshalb abermals die Behauptung des Goethals, dass die Nothwendigkeit, die im Wollen des absoluten Gutes liege, für Gott mit einer zweiten Nothwendigkeit sich vergesellschafte in jenem immanenten Lebensacte, in welchem sich die Liebe Gottes zu sich selbst als absolutem Gute bezeugt und ausdrückt, d. i. in der Production des heiligen Geistes.[1] Duns Scotus bestreitet das Substrat dieser Behauptung, nämlich die Naturnothwendigkeit der Liebe zum absoluten Gute,[2] und begründet die Nothwendigkeit der absoluten Liebe Gottes zu sich selbst aus der absoluten Vollkommenheit des göttlichen Willens, der als absolut vollkommenster das absolut Beste lieben muss. Ob aber dieses absolut nothwendige Wollen Gottes nicht gleichfalls ein naturnothwendiges Wollen sei, ob nicht überhaupt jede speculative Beleuchtung der Lebensvorgänge in Gott etwas von dem, was Duns Scotus als Naturalismus perhorrescirt, an sich haben müsse, ist eine andere Frage, auf welche die Antwort im Voraus für Jeden feststeht, der da weiss, dass das göttliche Sein und Wesen die im creatürlichen Sein und Leben auseinandergegangenen Gegensätze von Geist und Natur, Freiheit und Nothwendigkeit in sich aufgehoben trägt und die absolute Einigung derselben in sich darstellt.

[1] 1 dist. 10, qu. 2 (Op. Paris.).
[2] Vgl. auch Op. Oxon.: 1 dist. 1, qu. 4.